Wilkending · Didaktik des Literaturunterrichts

D1724050

Literatur- und Forschungsberichte
zur Pädagogik · Band 3

Herausgegeben von
Leonhard Froese, Hans-Hermann Groothoff,
Wolfgang Klafki, Clemens Menze, Klaus Mollenhauer,
Peter Martin Roeder

Schriftleiter: Friedrich Baron v. Rosen

Gisela Wilkending

Ansätze zur Didaktik des Literaturunterrichts

Darstellung – Analyse

4., erweiterte Auflage 1976

Beltz Verlag · Weinheim und Basel

1. Auflage 1972
4., erweiterte Auflage 1976

© 1972 Beltz Verlag · Weinheim und Basel
Gesamtherstellung: Beltz, Offsetdruck, 6944 Hemsbach über Weinheim
Printed in Germany

ISBN 3 407 11203 3

Inhaltsverzeichnis

1. Methodische und methodologische Bemerkungen zur Textanalyse

a) Möglichkeiten und Funktion der Kritik vorgegebener Zielsetzungen

Wer sich heute nach der allgemeinen scharfen Kritik an den Methodiken und Didaktiken des Deutschunterrichts einerseits (bes. seit dem Germanistentag *1968*) und nach der Entwicklung der neuen Konzeption einer Fachdidaktik von *F. Achtenhagen (1969)* andererseits noch einmal mit der Darstellung und Analyse bisheriger Ansätze zur Didaktik des Literaturunterrichts unter der Hypothese befassen will, daß diese Arbeit für die Entwicklung einer "Didaktik als Entscheidungshilfe" (s. *Achtenhagen*) von Nutzen sein kann, der muß sein Vorhaben ausführlich begründen. Denn wenn das folgende Urteil *Achtenhagens* auch auf die Didaktiken und Methodiken des Literaturunterrichts zutrifft, dann fragt sich, ob nicht die "rein systematische" Argumentation (Vorwort *H. Blankertz* zu *Achtenhagen*, S. 9) die intensive Beschäftigung mit der derart negativ gekennzeichneten Literatur völlig überflüssig macht:

"Zumeist sind sie (die Methodiken und Didaktiken – d.V.) kompendienhaft zusammengestellt nach den Erfahrungen einer langen Unterrichtspraxis; in den seltensten Fällen ist aber ihr organisierendes Prinzip klargelegt. So werden Teilaspekte je nach dem Interesse des Autors besonders betont, eine allgemeine, konsistente Theorie fehlt indessen" (S. 15).

Zwar verzichtet *Achtenhagen* konsequent auf die Diskussion von Fachdidaktiken des von ihm angesprochenen Lernbereichs (neusprachlicher Unterricht), doch bleibt auch bei ihm die *Neufassung* der Ziele eng gekoppelt mit der *Kritik* an bestehenden Forderungen. Es geht ihm um das Sammeln "berechtigter Ansprüche" in Argumentationen (S. 42) durch die Entwicklung und Anwendung eines analytischen Modells und durch die Bewertung von Lernzielforderungen mit Hilfe der Leitidee der Emanzipation. *Achtenhagen* stellt seinen eigenen Ansatz in den Rahmen der *modernen Lehrplantheorie und -praxis* hinein. Dabei engt er sich auf charakteristische Weise ein: Indem er sein fachdidaktisches Interesse auf die Vorbereitung

und Kontrolle von Lehrplanentscheidungen richtet, beschränkt er sich
zugleich weitgehend auf die herkömmlichen *Lehrpläne* als didaktisches
Bezugsmaterial für die Anwendung seines analytischen Modells (S. 46 f.,
S. 94 ff.). Die erste Aufgabe seines Forschungsprogramms heißt:

"<u>Die präzise auf Überprüfbarkeit abgestellte Neufassung der Unterrichtsziele.</u>
Diese Forderung bedeutet das Durchforsten bestehender Bildungspläne nach
Leerformeln sowie die Reduzierung der in den einzelnen Schultypen dem
Schüler vorgegebenen Leistungsstandards auf beobachtbares Verhalten als
das Ergebnis von Lernprozessen. Die damit notwendig werdende Begrenzung
der Lernziele ermöglicht erst ihre Überprüfbarkeit" (S. 46).

Läßt man an dieser Stelle sogar einmal außer Acht, daß *Achtenhagen* ganz
sicher die faktische Bedeutung der bisherigen Lehrpläne für die Normie-
rung des Unterrichts (S. 14) überschätzt hat, dann erscheint es vor allem
aus folgendem Grund problematisch, die Analyse von Lehrplänen zum Zentrum der Auseinandersetzung zu machen: <u>Auch für die herkömmlichen Lehrpläne muß *Achtenhagens* generelle Kritik gelten</u> (so.o. S. 7), denn diese
<u>Lehrpläne sind anderen didaktischen Entwürfen im Reflexionsniveau kaum
überlegen</u>, ihre "Systematik" läßt sich oft auf fachdidaktische Entwürfe
abbilden. Für die von ihm geforderte sprachliche, logische und empirische Analyse bieten sie zudem weniger gute Ansatzpunkte, weil sie kaum
Lernziel*begründungen* anführen, wenn man einmal von der allgemeinen Aufgabenbeschreibung des Unterrichts mit den entsprechend allgemeinen Begründungen absieht. Wichtige Zwischenglieder in Argumentation sind weg-
gefallen, seltener werden Unterrichtsziele gleicher oder unterschiedlicher "Reichweite" oder "Stufe der Allgemeinheit" *(Malewsky 1964)*,
seltener Unterrichts*themen* und Unterrichts*methoden* über die Formulierung von Unterrichts*zielen* aufeinander bezogen.

Es ist aber darüber hinaus auch fraglich, ob sich das von *Achtenhagen*
vorgeschlagene Verfahren der logischen Überprüfung von Lernzielen un-
widersprochen hinnehmen läßt, ob nicht vielmehr in der Konsequenz der
Anwendung des Verfahrens ähnliche Lernzielbeschränkungen liegen, wie
er sie selbst bei der Analyse der Didaktiken von *Helmers* und *Giesecke*
(S. 16 ff.) kritisiert[1]. Führen wir uns sein Ausgangsbeispiel vor Augen:

"Der im Kindesalter bei der Aufnahme der Muttersprache unbewußt gebliebe-
ne Vorgang der Sprachaneignung soll durch die Erlernung fremder Sprachen
im Reifealter - in welchem sich die Schüler während des Besuches der
kaufmännischen Berufsfachschule befinden - bewußt wiederholt werden, um

die jugendliche Persönlichkeit in allen ihren Fähigkeiten und Fertigkeiten zu entfalten" (S. 97).

Die Lernzielforderung erweist sich nach *Achtenhagen* als logisch falsch und ist damit als "Forderung notwendig abzulehnen" (S. 103), bereits weil sich die in ihr enthaltene Hypothese von der "bewußten Wiederholung" der Sprachaneignung im Fremdsprachenunterricht ("Erfüllungsaussage") gegenwärtig nicht bestätigen läßt. In diesem speziellen Fall wird man zunächst mit der Ablehnung der zitierten Zielsetzung geneigt sein, zugleich der Argumentation *Achtenhagens* zuzustimmen. Grundsätzlich kann aber seine den Dualismus von Tatsachen und Entscheidungen zu wenig berücksichtigende Argumentationsstruktur mit ihrer einfachen Verknüpfung von deskriptiven und präskriptiven Sätzen aus mehreren Gründen nicht akzeptiert werden: Einmal wird es sich gerade dort als besonders schwierig erweisen, in Lernzielformulierungen implizierte lernpsychologische Hypothesen durch den bisherigen Unterricht zu stützen, wo mit einer neuen Lernzielorientierung *Innovationen* des Unterrichts eingeleitet werden sollen. Hier können Konsequenzen des eigenen Anspruchs auf Wissenschaftlichkeit mit der von ihm zugleich postulierten Leitidee der Emanzipation in Widerspruch geraten. Zum anderen steht hinter *Achtenhagens* Ausführungen häufig die Vorstellung der möglichen Addition bzw. der linearen Ableitung, nicht der Verknüpfung von Lernzielen in einer mehrdimensionalen hierarchischen Struktur. Er fordert nämlich bei der logischen Überprüfung der Ziele "Rechtfertigungsbegründungen" für das einzelne Lernziel, die auf "kausale Zusammenhänge" mit der Ausgangsforderung verweisen[2]. In jede Begründung für ein Lernziel gehen aber mehr oder weniger umstrittene von ganz bestimmten Gruppen gestützte Lernzielentscheidungen ein. Alle Absicherungen bleiben notwendig "relikthaft" (s. *Achtenhagen*, S. 103). - Auch *Achtenhagen* hat mehrfach betont (S. 40 f.), welche Bedeutung die Feststellung von Präferenzen bei der Reflexion auf "Unterrichtsnormen" hat, und er hat die Orientierung aller gültigen Normen am Leitgesichtspunkt der Emanzipation gefordert. Von dieser Seite seiner Argumentationen her gesehen können aber Lernzielformulierungen durch die vorgeschlagene systematische Überprüfung immer nur vorläufig als zu wenig oder überhaupt nicht begründet ausgeschieden werden, die Ansprüche selbst lassen sich auf diesem Wege noch nicht widerlegen. Das vorgeschlagene Verfahren kann daher nur einen ersten kritischen Zugang zu Problemen der Lernzielentscheidungen und Lernzieldefinition sichern.

Achtenhagen versucht in verschiedenen Ansätzen die Vermittlung der
"kritischen" und "erfahrungswissenschaftlichen" Theorie. Unproblematisch kann diese Vermittlung zunächst erscheinen, weil er sich bei der
Anwendung seines Modells auf ein bestimmtes Teilgebiet zurückzieht:
Der Schwerpunkt liegt bei ihm de facto ja nicht auf der Diskussion der
Intentionalität des Unterrichts, sondern mit der Isolierung der Thematik "Grammatik" auf der Vorführung reduzierter Ergebnisse der modernen
Sprachwissenschaft im systematischen Rahmen des lerntheoretischen Modells der Berliner Didaktiker. Der einfachen Anwendung des Modells auf
andere Bereiche der Unterrichtsforschung und -planung sind damit auf
jeden Fall Grenzen gesetzt[3].

Wenn man trotzdem *Achtenhagens* Versuche einer sprachlichen, logischen und empirischen Überprüfung als Entscheidungshilfe bei der Beurteilung von Zielsetzungen deswegen für wichtig hält, weil durch die
Überprüfung die Reflexion über die Entscheidungsprozesse in Gang gebracht werden kann, dann wird aber gerade die von *Achtenhagen* unberück-
sichtigte fachdidaktische Literatur mit ihrer größeren Menge an alternativen "relikthaften" Begründungen interessant.

b) Vorentscheidungen bei der Verwendung des Lernzielbegriffs

Bisher ist eine in den Erörterungen bereits implizierte methodische
Entscheidung noch nicht ausdrücklich gemacht worden: Im Zentrum der Arbeit wird die *Explikation und Konfrontation von Lernzielen* stehen. Da
der Lernzielbegriff in der literaturdidaktischen Diskussion erst seit
der Interpretation fachdidaktischer als curriculum-theoretischer Probleme eine vorrangige Rolle spielt, ergeben sich für die kritische Analyse schwer lösbare Probleme, denn es wird oft notwendig sein, die in
der älteren fachdidaktischen Literatur explizit gemachten thematischen
und methodischen Entscheidungen zu hinterfragen, um die implizierten
Spielräume für Lernzielentscheidungen abzugrenzen.

Es müssen vorab einige Entscheidungen für die eigene Verwendung des
Lernzielbegriffs in der Untersuchung deutlich gemacht werden: Jede
Erziehung richtet sich auf *Situationen*[4], auf die sie verändernd einwirken will, sie baut auf Annahmen über die strukturelle Beschaffenheit
dieser Situationen auf, entwirft modellhaft veränderte Situationen und

sucht nach Praktiken, über die die gewünschten Veränderungen herbeige-
führt werden können. Jede spezielle Didaktik bezieht sich auf eine Klasse ähnlicher Situationen, auf einen *Lernbereich*. Ein Lernziel - es orientiert sich letztlich immer an der *Bewertung von Ausgangssituationen* -
ist zu interpretieren als eine Aufgabe, deren "Lösung" aus einem Ausgangsverhalten in ein neues Verhalten überführt. Idealiter gehören fünf
Bestimmungen zu jeder vollständigen Lernzielformulierung: Die Lernzielformulierung enthält in ihrem Kern - sprachlich eng miteinander verbunden - einen *Inhaltsteil* (Formulierung einer Thematik) und einen *Verhaltensteil*. Sie enthält daneben Angaben über mögliche *Wege*, auf denen das
Verhalten erreicht werden kann, und Angaben über den *Adressaten*, auf den
sich die Unterrichtsintentionen richten. Wichtig ist schließlich der
Bezug auf eine bewertete *Situation*. In diesem Bezug ist die Begründung
für das Ziel enthalten. Zugleich erfolgt über diesen Bezug die Verknüpfung mit anderen (ausgewählten) Zielen gleicher, über- und unter-
geordneter Stufe der Allgemeinheit[5]. Die Überlegungen lassen sich an
einem konstruierten Beispiel verdeutlichen und weiterführen. Wir nehmen
an, in der didaktischen Literatur fände sich an irgendeiner Stelle folgende Formulierung:

"Der Schüler lernt, Texte zu analysieren."

Inhaltsteil ("Texte"), Verhaltensteil ("analysieren") und Angabe des
Adressaten ("Schüler") sind in dieser Formulierung leicht zu identifizieren. Es fehlen entsprechend allgemeine Angaben über die Wege, das
gewünschte Verhalten zu erreichen (etwa: "über die unter Leitfragen gestellte Textarbeit", "über die Durcharbeitung von Musteranalysen", "über
die Vorführung von Analysen durch den Lehrer" usw.), und es fehlen Be-
gründungsaussagen (etwa: "Texte sind wichtige Kommunikationsmedien außerhalb der Schule." "Die Analyse von Texten verbessert die Fähigkeit zur
Kommunikation." usw.). Mit entsprechenden Ergänzungen ist aber die Lernzieldefinition nicht abgeschlossen, sie erweist sich vielmehr als offen
nach ganz verschiedenen Seiten hin. Hinterfragt man z.B. die Begründungs-
aussagen, dann zeigt sich, daß bereits allgemeinere Lernzielentscheidungen wie die "Fähigkeit zur Kommunikation" vorausgesetzt sind, wenn
man die Begründung akzeptiert. Auch wenn man die vorgeschlagenen methodischen Möglichkeiten konfrontiert, um sie zu bewerten bzw. um sich zwischen ihnen zu entscheiden, dann orientiert man die Entscheidung an allgemeineren methodischen Leitideen, etwa an der Leitidee der methodischen

Selbständigkeit. - Will man nun durch Fragen solche Reflexionen einleiten, dann zeigt sich sogleich folgende Schwierigkeit: Alle Aussagen erscheinen unbestimmt, die Alternativen nur formal entscheidbar. Wir wissen nicht, ob die Schüler (welche Schüler?) bis zum Ende ihrer Schulzeit oder bis zu einem anderen Zeitpunkt lernen sollen, Texte zu analysieren. Wir wissen nicht genau, was allen Texten gemeinsam ist (Was verbindet einen Werbeslogan mit einem Roman?). Wir wissen nicht genau, was "analysieren" heißt. Die Unbestimmtheiten zwingen dazu, die Reflexionen weiterzuführen, die Bedeutungen der Ausgangsbegriffe (Schüler, Texte, analysieren usw.) durch die Angabe von Randbedingungen einzuengen bzw. über einen Explikationsprozeß die in der Ausgangsformulierung enthaltenen Begriffe auf Beobachtbares zu beziehen.

Bei dem Versuch, "bestimmte" Lernziele zu formulieren, stoßen wir aber auf ein neues Problem: Was berechtigt uns dazu, ganz bestimmte Schüler(gruppen) als Adressaten zu bestimmen? Was berechtigt uns dazu, etwa eine ganz bestimmte Zeitung als Text auszuwählen? Was berechtigt uns dazu, etwa die mögliche Wirkung ganz bestimmter sprachlicher Formen untersuchen zu lassen? Wir sehen: Mit speziellen Lernzielformulierungen werden nicht nur allgemeine Bedeutungen präziser gefaßt, es fallen zugleich inhaltliche Entscheidungen für bestimmte Lernziele vor anderen bei der Verwendung allgemeiner Zielformulierungen noch möglichen Lernzielen. Diese Entscheidungen bedürfen aber eigener Begründungen, sie bedürfen des Rückbezugs auf "bestimmte" für wichtig gehaltene Situationen (etwa: "Diese bestimmte Gruppe von Schülern liest besonders häufig diese Zeitung." "Diese Zeitung hat eine besonders hohe Auflagenziffer." "Durch diesen bestimmten Sprachgestus können bestimmte negative Wirkungen auf den Leser erzeugt werden." usw.). - Jedes einzelne Lernziel muß also in einer hierarchischen Struktur angeordnet und notwendig unterschiedlich begründet werden, einmal durch den Bezug zu dem allgemeinen Ziel und seine Begründung, zum andern durch den Bezug auf für wichtig gehaltene spezielle Situationen. Über die Ähnlichkeit einer speziellen Situation mit anderen speziellen Situationen werden neue Lernzielzusammenhänge gestiftet usw..

Vereinfachte Darstellung eines auf Situationen bezogenen Lernzielzusammenhangs:

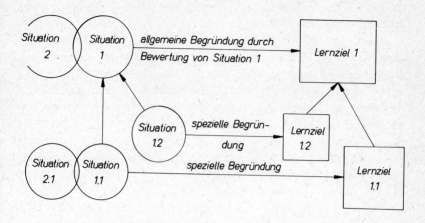

Selbst wenn man die Versuche, Lernziele zu spezifizieren bis sich alle
Begriffe auf Beobachtbares beziehen, als Versuche akzeptiert (Operationalisierung von Lernzielen), müßten doch diese Überlegungen deutlich
gemacht haben, daß man der Forderung Achtenhagens nach "Reduzierung der
in den einzelnen Schultypen dem Schüler vorgegebenen Leistungsstandards
auf beobachtbare Verhalten" (s.o. S. 8) keinesfalls zustimmen kann,
wenn man zugleich seine Forderung nach der Orientierung spezieller Lernziele an der Leitidee der Emanzipation ernst nimmt. Stattdessen wird es
in dieser Untersuchung vielmehr darauf ankommen, bei der Analyse der
didaktischen Literatur zu zeigen, welche Konsequenzen die Vereinfachung
des Lernzielkonzepts, die Nichtberücksichtigung der hierarchischen Struktur von Lernzielzusammenhängen und die Verdeckung von Auswahlentscheidungen bei der Spezifikation von Lernzielen für die Ideologisierung didaktischer Konzeptionen haben kann. Fachdidaktik versteht sich in diesem
Sinne als Ideologiekritik.

14

c) Auswahlgesichtspunkte für die kritische Analyse der Literatur

Bei einem Überblick über das mögliche Bezugsmaterial für die Analyse ergibt sich folgendes:

In den letzten Jahren hat sich die Materialsituation entscheidend gewandelt: Es deuten sich neben wichtigen Schwerpunktverlagerungen der didaktischen Reflexion zugleich neue Möglichkeiten der wirksameren Vermittlung fachwissenschaftlicher und fachdidaktischer Überlegungen für den Lehrer an. Beides muß aufmerksam geprüft werden. Als Reaktion auf die Lesebuchkritik sind mit den neuen Lesebüchern (seit *1965/66*) teils sehr umfangreiche Lehrerhandbücher erschienen oder geplant, die neben stichwortartigen oder ausführlichen Interpretationen unter Leitgesichtspunkten didaktische und methodische Vorschläge enthalten. Bisweilen sind in ihnen einfache Unterrichtsmodelle ausgearbeitet (etwa: Handbücher zum "Lesebuch 65" - Schroedel; Handbuch zum Lesebuch "Auswahl" - Kamp; Handbücher zum Lesebuch "Kompaß" - Schöningh; Fachwissenschaftliche und methodische Anleitungen zum Literaturunterricht - Volk und Wissen[6].)
In Lesebüchern - sie sind in der Auswahl und Anordnung der Texte gegenüber den kritisierten Büchern stark verändert - werden neuerdings auch Aufgabenstellungen formuliert, die den selbständigen Umgang mit dem Lesebuch als einem Arbeitsbuch für den einzelnen Schüler bzw. für Schülergruppen ermöglichen sollen (etwa: Lesen, Darstellen, Begreifen - Hirschgraben; Unser Lesebuch - Volk und Wissen), eine Konzeption, die sich während der Lehrplanreform in sozialistischen Ländern des Ostblocks seit einigen Jahren durchgesetzt hat (*s. Strietzel 1965*). - Im Rahmen der Revision der Fachrichtlinien und der Revision des gesamten Lehrplans zeigt sich eine ähnliche Tendenz: Neben die oft bewußt sehr allgemein gehaltenen Richtlinien treten Lehrerhandreichungen, die außer Sachinformationen zu den Unterrichtsgegenständen Unterrichtsmaterial und unterschiedlich differenziert ausgearbeitete Unterrichtsmodelle enthalten (etwa: Handreichungen der Kommission für die Entwicklung des Bildungsplans für das Fach Deutsch an den Gymnasien des Landes Hessen[7]; Unterrichtsprojekte der Curriculum-Kommission in Hessen). Die sich in dieser Materialsituation spiegelnde stärkere Konzentration der methodischen und didaktischen Überlegungen auf die in der aktuellen Diskussion stehenden Bildungsaufgaben und die intensivere Vermittlung von allgemeinen und speziellen Unterrichtsaufgaben zeigt sich auch in der weniger verbindlichen fachdidaktischen Literatur.

Die zahlreichen Monographien und Aufsätze, die in den letzten Jahren zu
Grundlagenfragen des Literaturunterrichts erschienen sind, und die Tatsache, daß neben die beiden traditionellen fachdidaktischen und -metho-
dischen Zeitschriften (*Wirkendes Wort* - Schwann; *Der Deutschunterricht*
- Klett; *1948* ff.) eine neue kritische Zeitschrift (*Diskussion Deutsch*
- Diesterweg; *1970* ff.) getreten ist, machen deutlich, wie viele "Selbstverständlichkeiten" im Hinblick auf die "Funktionen" auch des Literaturunterrichts seit der allgemeinen Kritik an der Didaktik und Methodik
des Deutschunterrichts fragwürdig geworden sind.

Es kann hier nicht darum gehen (s.o. S. 2), möglichst extensiv für
die Lösung gegenwärtiger bildungspolitischer Probleme irrelevantes Material auszubreiten, um die faktische Rückständigkeit didaktischer Überlegungen gegenüber neueren Ansprüchen an eine Didaktik zu demonstrieren.
Stattdessen ist es notwendig, sich auf weniges relevante Material zu be-
schränken: Diese Darstellung soll eine *Orientierungs- und Bewertungshilfe*
bei der Lektüre augenblicklich wirksamer Literatur sein. 1. Relevanzkriterium ist die *Wirksamkeit* bestimmter fachdidaktischer Konzeptionen
für die Theorie und Praxis des Unterrichts. - Die Darstellung soll eine
Orientierungs- und Bewertungshilfe bei der Lektüre der kritischen Ein-
wände und Gegenentwürfe gegen die augenblicklich wirksame didaktische
Literatur sein. 2. Relevanzkriterien ist die *Neuheit* einer bestimmten
Argumentation oder Konzeption. - Schließlich soll die Darstellung die
Explikation und Bewertung von Lernzielzusammenhängen ermöglichen.
3. Relevanzkriterium ist das Maß an expliziten *Vermittlungs-* und *Be-
gründungsversuchen* von Lernzielen.

Da sich die Explikation und Bewertung von Lernzielzusammenhängen in
dieser Untersuchung vor allem auf höhere Stufen der Allgemeinheit beziehen soll, werden die Schwerpunkte auf dem unter 1. und 2. zusammenge-
faßten Material liegen:

1. Gesamtkonzeptionen der Literaturdidaktik und des Literaturunterrichts,
   Diskussion der Begründungen bzw. allgemeinen Zielsetzungen der Literaturunterrichts
2. Konzeptionen von Arbeitsbereichen bzw. größeren thematischen Einheiten des Literaturunterrichts
3. Konzeptionen von kleineren thematischen Einheiten, Unterrichts"projekten" oder Unterrichtsstunden

Alle Positionen müssen reduziert werden auf zentrale Thesen und Argu-
mentationszusammenhänge. Nur so lassen sich charakteristische Verengungen sichtbar machen, nur so sind Versuche einer schrittweisen Vermittlung der Positionen bis zu dem Punkt möglich, wo die scharfe Formulierung einer Alternative notwendig wird, die der aktuellen Bewertung zugänglich ist oder die der späteren Bewertung zugänglich gemacht werden
kann. - Die Reduktion auf die zentralen Thesen und Argumentationszu-
sammenhänge geschieht nicht allein über die immanente Interpretation
der jeweiligen Position. Ausschlaggebend ist neben den Gewichtungen,
die der Autor selbst vornimmt, seine Bedeutung für die Klärung einer
aktuellen didaktischen und das heißt zugleich einer auf bestimmte Lern-
situationen (Umgang mit Literatur) eingeschränkten bildungspolitischen
Diskussion, wie sie etwa aus dem *Strukturplan für das Bildungswesen
(1970)*, aus anderen neueren Empfehlungen des *Bildungsrates* oder aus
Plänen der *Kultusministerien* ablesbar ist. Die Konzentration der Diskussion vor allem auf die Hauptkontroversen steht unter der Hypothese,
daß sich hinter den jeweiligen Streitpunkten die augenblicklich am
schwersten lösbaren Sachprobleme verbergen. Zugleich ist aber zu erwarten, daß sich von diesen Streitpunkten her am ehesten die jeweiligen
politischen Vorentscheidungen fassen lassen, weil das stärkste politische Engagement nicht dort zu erwarten ist, wo man sich auf einen allgemeinen Konsens stützen kann, sondern dort, wo es um die Durchsetzung
einer Meinung vor einer anderen geht. Eine Frage, die in diesem Zusammenhang durchgehend die Diskussion von Lernzielen lenken muß, ist die
Frage nach dem Verhältnis von curricularen und organisatorisch-strukturellen[8] Entscheidungen für den Bereich der Schule (einschließlich
der Lehrerbildung).

Es sind bisher fünf wichtige Entscheidungen für die Vorauswahl des
Materials bzw. für Hauptgesichtspunkte der Analyse gefallen. Sie sollen
noch einmal zusammengestellt werden:

1. Einschränkung auf Material, das unter Gesichtspunkten der *Wirksamkeit*, der *Neuheit* und der *Darstellung von Lernzielzusammenhängen*
   relevant erscheint

2. Einschränkung auf Material, das vorwiegend Lernziele *höherer Stufen
   der Allgemeinheit* reflektiert

3. Einschränkung der Positionen auf *charakteristische Thesen* und *typische Verengungen*

4. Einschränkung der Thesen auf *aktuelle Streitpunkte*

5. Einschränkung auf Probleme, durch die sich der Zusammenhang von *curricularen* und *organisch-strukturellen Entscheidungen* verdeutlichen läßt

2. Bemerkungen zur bildungspolitischen und wissenschaftlichen Situation

a) Allgemeine Didaktik und Fachdidaktiken

Mit der Entwicklung von Reflexionen über die Verwendung des Lernzielbegriffs (s.o. S. 10 ff.) ist nur wenig über die *Entscheidungsprozesse*
selbst gesagt, die bei der Auswahl allgemeiner und spezieller Lernziele
in einem bestimmten Lernbereich abgelaufen. Es fehlt vor allem die Aus-
einanderfaltung der möglichen begründenden Momente für Lernzielentscheidungen, denn es fehlt die wertende Analyse von Situationen, auf die diese Entscheidungen zu beziehen wären. - Sieht man sich nach entsprechenden Theorien in der pädagogischen Literatur um, dann ist man zurückver-
wiesen auf ein Kernproblem, das die Überlegungen zur Möglichkeit einer
Wissenschaft von der Erziehung von Anfang an mit bestimmt hat: Hinter
der Frage nach der Begründbarkeit von Lernzielentscheidungen steht die
allgemeine Frage nach der pädagogischen "Eigenständigkeit" oder "Autonomie". Indem wir uns vorläufig auf dieses traditionelle Problem zurück-
wenden, gewinnen wir Anschluß an eine Diskussion, die seit den 50ger
Jahren die Versuche zur Entwicklung von Fachdidaktiken bestimmte und
die - das zeigen auch neuere Beiträge zur Literaturdidaktik - etwa von
H. Helmers (1966, [5] *1970), A. Gail (1969), R. Sanner (1969)* und
R. Geißler (1970) - keineswegs als abgeschlossen gelten kann. Charakteristisch ist sogar, daß gerade erst in den letzten Jahren die Versuche
zur wissenschaftstheoretischen Fundierung der Literaturdidaktik mit einer entscheidenden Phasenverschiebung bestimmte Forderungen der Allgemeinen Didaktik realisiert haben, die vor 10 Jahren in einer anderen
bildungspolitischen Situation formuliert wurden. Heute muß man sich
allerdings fragen, ob nicht bereits in dem Versuch, einzelne Fachdidaktiken wissenschaftstheoretisch zu begründen, eine konservierende Tendenz enthalten ist, die sich gegen Vorstellungen und Pläne einer fortschrittlichen Bildungspolitik richtet.

Eine einigermaßen abgewogene Beurteilung der allgemeindidaktischen und
fachdidaktischen Entwürfe läßt sich sicher nur vornehmen, wenn diese
Entwürfe nicht nur an gegenwärtigen Ansprüchen, sondern auch an den in
der jeweiligen Entstehungssituation vorhandenen Alternativen gemessen
werden. Auch die Behandlung des für die Frage nach der Begründbarkeit
von Lernzielen relevanten Problems der "Eigenständigkeit" der Erziehungswissenschaft erfordert diese doppelte Perspektive.

Wir gehen am besten von einem Zitat aus: *Mollenhauer (1968, [3]1970)*
hat seine Kritik an der geisteswissenschaftlichen Pädagogik, in deren
Zusammenhang die ersten Entwürfe einer Allgemeinen Didaktik hineingestellt werden müssen, geknüpft an ihren Anspruch der Sicherung der Autonomie der pädagogischen Theorie und Praxis. Nach *Mollenhauer* impliziert dieser Anspruch,

> "daß die Erziehungsarbeit von den Weltanschauungen und gesellschafts-
> politischen Interessen ferngehalten werde und daß die pädagogischen In-
> stitutionen, vom politischen und konfessionellen Streit unbeeinträch-
> tigt, den reinen Sacherfordernissen der pädagogischen Aufgabe nachgehen
> könnten ... Er sollte der Pädagogik eine wissenschaftliche Basis sichern,
> um sie damit über den Status einer Kunstlehre zu erheben und sie zu-
> gleich aus der Abhängigkeit anderer wissenschaftlicher Systeme zu be-
> freien" (S. 22).

Mollenhauer zeigt mit seiner zugespitzen, eine mögliche Tendenz bezeich-
nenden Kritik an der geisteswissenschaftlichen Pädagogik, daß die negativen Konsequenzen der Distanzierung der Erziehungswissenschaft von der
wertenden Reflexion auf die gesellschaftspolitische Situation besonders
in dem Rückzug der Pädagogik auf den Bereich der "inneren Schulreform"
liegen (S. 27 u. S. 32 f.; s.a. *Furck 1967* und *Blankertz 1969*, S. 164 f.).
- Im Rahmen unserer Fragestellung nach der möglichen Begründung von Lernzielentscheidungen folgt aus der Kritik: Die Bewertung der gesellschaftspolitischen Situation muß ein allgemeines begründendes Moment bei der
Entwicklung allgemeiner Lernziele für die Schule oder für die Schüler
sein. Denn es läßt sich leicht zeigen, daß die von Pädagogen geforderte
Distanzierung nur scheinbar möglich ist. In Wirklichkeit ist in der Distanzierung von der gesellschaftspolitischen Situation die positive Bewertung dieser Situation bereits impliziert, sonst müßten Ziele zu deren
Veränderung explizit formuliert werden.

Die Forderung nach der relativen Eigenständigkeit oder Autonomie der
Erziehungswissenschaft bei der Begründung von Zielen erscheint aber in

neuem Licht, wenn wir die Aufmerksamkeit auf eine andere wirksame Alternative zu dieser Forderung richten: Diese Alternative läßt sich am ehesten an der Kontroverse zwischen *W. Klafki* und *H. Seiffert (1964/1966)* verdeutlichen. Die Kontroverse zeigt überdies, daß die Allgemeine Didaktik zu dem Zeitpunkt, als von verschiedenen Seiten her die Entwicklung von wissenschaftlichen Fachdidaktiken gefordert wurde, ihre relative Eigenständigkeit vor allem gegenüber den Vertretern solcher Fachdisziplinen behaupten wollte, die - an einem naiven Gegenstandsbegriff orientiert - fachdidaktische Überlegungen als Reduktionen der neuesten fachwissenschaftlichen Erkenntnisse interpretierten und für die daher auch die Abbildung eines Universitätsfaches auf ein Schulfach unproblematisch war. Gerade die Argumentationsweise von *H. Seiffert*, der sich zum Fürsprecher dieser Position gemacht hat, verdeutlicht, wie von dieser theoretischen Basis aus einseitig der *funktionale* Zusammenhang zwischen Fachwissenschaft und Unterricht gestützt wird.:

"Wenn nämlich im Mittelalter und bei Humboldt das, was in den Schulen gelehrt wurde, faktisch mit dem identisch war, was man zur gleichen Zeit auch als Wissenschaft ansah, dann würde das - auf dem Wege einer formalen Extrapolation auf unsere Gegenwart - bedeuten, daß eben auch heute Schulunterricht und Wissenschaft in ihrer Struktur identisch sein müßten - ja, daß ganz allgemein für jede Zeit ein Parallelismus zwischen dem, was jeweils in den Schulen, und dem, was jeweils gleichzeitig in der Wissenschaft getrieben wird, festzustellen ist" (*1964*, S. 42 f.).

Nun ist die Feststellung eines Parallelismus zwischen dem, was auf der Schule und dem, was auf der Universität betrieben wird eines, die Forderung nach Identität der Strukturen von Wissenschaft und Unterricht ein anderes. Das von *Klafki (1962)* entwickelte Modell des didaktischen Feldes mit seinen vier Dimensionen (Geschichtlichkeit didaktischer Entscheidungen - Perspektiven des Welt- und Selbstverständnisses und der Motivation - Allgemeine Sinngebung der geistigen Grundrichtungen und Schulfächer - Innere Struktur und Schichtung der Bildungsinhalte) enthält Bedingungen für die Kritik dieser Argumentation und ermöglicht so, entsprechende zugeordnete Begründungsverfahren bei der Festsetzung von Zielen als kurzschlüssig zurückzuweisen. - Allerdings hat *Seiffert* recht, wenn er bei seiner Kritik an der Theorie der Eigenständigkeit auf die jeder fachwissenschaftlichen Disziplin bereits immanenten didaktischen Prinzipien verweist. Aber es muß dem Pädagogen ja gerade darum gehen, didaktische Entscheidungen zu bewerten im Hinblick auf ihre

Relevanz im Bereich der Schule. Zumindest solange ist die Entgegensetzung
von Fachwissenschaft und Didaktik notwendig, bis die Grundlagenreflexion
in den Fachdisziplinen so weit geführt ist, daß von hier aus die didaktischen Implikationen wissenschaftlicher Arbeit selbst kritisch reflektiert werden können. Dabei bleibt zu berücksichtigen, daß ja Schüler,
Studenten u.a. durch das Lernen in bestimmten Lernbereichen auf die "Be-
wältigung" höchstens partiell identischer Situationen vorbereitet werden. Dann läßt sich auch die zu enge Interpretation des Eigenständig-
keitsanspruchs der Allgemeinen Didaktik verhindern, zum andern wird die
einfache Umkehrung dieses Anspruchs, für die sich auch *Th. Wilhelm* ein-
setzt *(1967, [2]1969)*, als wissenschaftstheoretische und politische Naivi-
tät entlarvt:

"Während die Bildungspädagogik den Anspruch erhob, mit dem Gepäck von
autonomen Erkenntnissen einer "Allgemeinen Didaktik" auf die Fachwissenschaften zuzugehen, um sie für die Zwecke der Erziehung und Bildung auf-
zuschließen, müssen in Wirklichkeit die Fachdisziplinen selbst die didaktischen Prinzipien hergeben. Die didaktischen Maßstäbe ergeben sich
jeweils aus der Struktur des wissenschaftlichen Fachgebiets" (S. 270).

Die beiden kritischen Einwendungen gegenüber dem Eigenständigkeitsanspruch *(1. Mollenhauer - 2. Seiffert, Wilhelm)* sind vor allem deswegen
interessant und wichtig, weil sie typisch sind für zwei Argumentations-
formen, die von Anfang an bis in die jüngste Diskussion hinein allge-
meindidaktische und fachdidaktische (literaturdidaktische) Entwürfe und
ihre Kritik bestimmen und weil über sie bereits systematische Probleme
des Verhältnisses von curricularen und organisatorisch-strukturellen
Entscheidungen in den Blick rücken, die in den folgenden Auseinandersetzungen immer wieder aufgegriffen werden. Diese Behauptung läßt sich
durch Äußerungen zu der in diesem Zusammenhang am meisten diskutierten
Position *W. Klafkis* stützen und weiterführen:

Bereits *1960* hat *P. Roeder* in seiner Rezension zu *W. Klafki (1959)*
eine der Argumentation *Mollenhauers* nahestehende kritische These formuliert, in der er auf die schulpolitischen Konsequenzen der Übergewich-
tung der individuellen (gleichwohl gesellschaftlich vermittelten) Schü-
lersituation gegenüber der aktuellen gesellschaftspolitischen Situation
bei der Begründung von Zielen oder "Inhalten" verweist[9]:

"Auch die Forderung, die "inhaltliche Eigenart" (§ 353) der verschiedenen Schultypen von den Gegenständen der jeweiligen Lebenswirklichkeit
ihrer Schüler her zu bestimmen, legt die gefährliche Konsequenz nahe,

die ohnehin bestehende Schichtung der Gesellschaft durch Schichtung der Bildungswege noch zu verfestigen ... Von welcher Bedeutung dieses Problem ist, zeigen die in den letzten Jahren diskutierten Pläne zur Reform des Schulaufbaus. Die Empfehlung einer für alle Schüler gemeinsamen Mittelstufe z.B. wird auch mit dem Argument begründet, daß es Aufgabe der Schule sei, der *zufälligen gesellschaftlichen Situation der Heranwachsenden die Chance einer gemeinsamen Bildungserfahrung entgegenzusetzen*" (S. 576).

Diese Kritik *Roeders* ist einleuchtend. Wie leicht aber auch umgekehrt die Isolierung einer organisatorisch-strukturellen anscheinend progressiven Lösung demselben Vorwurf ausgesetzt werden kann, verdeutlicht besonders die jüngste Kritik an gegenwärtigen Gesamtschulkonzeptionen, in denen nun gerade oft ohne Rücksicht auf die unterschiedliche individuelle Ausgangslage der Schüler gesellschaftspolitische Zielsetzungen durch eine einseitig an Normen der Mittelschicht orientierte "kompensatorische Erziehung" durchgesetzt werden sollen.

Ihre größte Wirksamkeit innerhalb der Schulreform hatte die Allgemeine Didaktik in den 60ger Jahren bei den Versuchen einer Neugliederung des Fächerkanons (besonders bei der Diskussion um die Oberstufenreform), denn für die "innere Schulreform im Zeichen der Prinzipien des Elementaren, Fundamentalen und Exemplarischen" *Klafki 1959,* [3.4.] *1964, S. VIII)* sind die in der Theorie implizierten Entscheidungsspielräume für Neuerungen besonders groß[10]. Indem die Theorie Ansatzpunkte für die Kritik der zu engen Interpretation des Verhältnisses von Fachwissenschaft und Fachdidaktik bietet (*s. Seiffert*), die von der Auffassung ausgeht, "daß es sich bei diesem Verhältnis um die Relation der Ableitung didaktischer Konsequenzen aus vermeintlichen unproblematischen fachwissenschaftlichen Voraussetzungen handeln könne" *(Klafki 1967, S. 132)*, eröffnet sie zugleich die Möglichkeit, neue Fächer, Fächerkombinationen oder Prinzipien des Übergreifens zu begründen in einer Zeit, in der in den Fachwissenschaften analoge Reflexionen noch nicht wirksam werden.

Allerdings sind - gemessen an gegenwärtig diskutierten Alternativen (Projektunterricht, Lehrgänge) - praktisch kaum sehr weitreichende Veränderungen des Gesamtlehrplans vorgeschlagen worden, die man von den Implikationen der Theorie her erwarten oder doch zumindest begründen könnte. So hat etwa *W. Klafki* den für uns relevanten Lernbereich (Umgang mit Literatur) in das traditionelle Fach Deutsch eingegliedert, obwohl die Hauptbegründungen für den Literaturunterricht mindestens vier verschiedenen "Grundrichtungen" der Bildung zugeordnet werden könnten, der "musisch-- ästhetischen Bildung, der "sprachlich - literarisch - kulturkundlichen Bildung", der "historisch - politischen Bildung", der "philosophisch - lebenskundlichen Bildung" *(Klafki 1959, [3.4.] 1964, S. 334)*[11]. - Solange Allgemeine Didaktik und Ansätze zu Fachdidaktiken noch verbunden bleiben, fallen entsprechende Inkonsequenzen nicht allzu stark ins Gewicht, weil die allgemeine Theorie die Revidierbarkeit der Entscheidungen für Schulfächer impliziert. Wo aber in der Folgezeit mit dem ausdrücklichen Verweis auf Theorien der Allgemeinen Didaktik "eigenständige" Fachdidaktiken auf der Basis der bestehenden Unterrichtsfächer entwickelt werden, verlieren die Konzepte ihre Offenheit und geraten dabei in unreflektierte Abhängigkeit von bestimmten fachwissenschaftlichen Theorien.

b) Herausbildung fachdidaktischer Konzeptionen des Literaturunterrichts

Bevor *1966* auf der Grundlage der geisteswissenschaftlichen Didaktik der erste systematische Entwurf zu einer Didaktik des Deutschunterrichts von *H. Helmers* vorgelegt wurde, war der Streit um die Eigenständigkeit literaturdidaktischer Argumentationen mehr ein Streit zwischen Vertretern der *Schulpraxis* und der *Literaturwissenschaft*. Da noch bis in die aktuelle Diskussion hinein häufig die Meinung vertreten wird, daß sich Probleme einer Fachdidaktik ohne eine dazwischengeschaltete Theorie allein auf dem Wege der Auseinandersetzung zwischen Literaturlehrern und Literaturwissenschaftlern lösen ließen, ist auch an dieser Stelle ein kurzer Rückgriff nötig, wenngleich es keineswegs sinnvoll erscheint, die disparaten Beiträge einzeln auf dem Hintergrund der jeweiligen Entstehungssituation zu interpretieren. Ein Beispiel für die erwähnte Auffassung, die nur der Dogmatisierung von didaktischen Entscheidungen dienen kann, ist die erst *1968* erschienene Methodik des Literaturunterrichts von *Spieler und Thamm*, denn dieses Buch versucht,

"die Besonderheit der Realschulmethodik herauszuarbeiten. Es ist das Ergebnis ständiger Auseinandersetzung mit den Problemen der Literaturwissenschaft und der praktischen Erfahrung im Deutschunterricht der Realschule" (S. III).

Natürlich kann überhaupt nicht bestritten werden, daß wichtige Anregungen für die theoretische Reflexion von einer fortschrittlichen Unterrichtspraxis ebenso ausgehen sollten wie von einer ihre eigenen wissen-

schaftstheoretischen Grundlagen kritisch reflektierenden Fachwissenschaft. Bestritten wird nur, daß sich ohne eine explizite (didaktische)
Theorie die Erfahrungen und Erkenntnisse so vermitteln lassen, daß didaktische Entscheidungen durchsichtig werden.

Die Auseinandersetzung zwischen Literaturpädagogen und Literaturwissenschaftlern in den 50ger und 60ger Jahren ist, wenn auch oft nicht
ausdrücklich, ein Streit um die verschiedenen Möglichkeiten einer allgemeinen Begründung der Beschäftigung mit Literatur. Sie ist damit zugleich ein Streit um die allgemeinen Lernziele des Literaturunterrichts.
Die Meinungsdifferenzen konzentrieren sich vor allem auf zwei Schwerpunkte innerhalb der Argumentationen:

1. Wo das Hauptgewicht der Auseinandersetzung auf dem Begriff der *Lebenshilfe* liegt, da wird - wie auch immer die inhaltlichen Stellungnahmen
ausfallen - die strukturelle Ähnlichkeit und das Wechselverhältnis von
Situationen des Lebens innerhalb und außerhalb der Literatur zum formal
begründenden Moment für die Beschäftigung mit Literatur gemacht. Der
Begriff der Lebenshilfe selbst ist allerdings seit Beginn der Diskussion
(*Kayser - Ulshöfer*) als ein Argument unbrauchbar geworden, nicht nur
deswegen, weil so unzureichende Überlegungen an diesen Begriff geknüpft
wurden, sondern viel eher noch deswegen, weil er so viele Modifikationen
oder völlige Uminterpretationen erfahren hat, daß schließlich die Verwendung des Ausdrucks in allen nur denkbaren Begründungen möglich wurde.
So lassen sich mindestens drei Hauptbedeutungen des Begriffs unterscheiden:

Im weitesten Sinne bedeutet "Lebenshilfe" (auch: "Bildungshilfe")
Hilfe zur Orientierung über menschliche Situationen (etwa bei: *Bamberger 1955, Doderer 1963, Elschenbroich 1966, Gerth 1962, Giehrl 1968,
Lingelbach/Oberfeld 1969, Newe 1960, Pfeffer 1956, Pielow 1964, Schulz
1965, Spieler - Thamm 1968, E. Weber 1967*). In einem eingeschränkteren
Sinne bezieht sich der Ausdruck auf die sittliche Erziehung oder Moral-
erziehung (etwa bei: *Hegele 1967, Stolte 1961, Ulshöfer*). Schließlich
wird aber auch dann manchmal von "Lebenshilfe" gesprochen, wenn die Literatur die Möglichkeit zur Distanzierung von der aktuellen Wirklichkeit
außerhalb der Literatur bieten soll (etwa bei: *Kayser 1959, Blättner
1956*).

Immerhin hat die weitgehend verschwommene Diskussion um die Literatur
als Lebenshilfe insofern die Klärung einiger theoretischer Grundlagen

der Literaturdidaktik weitergeführt, als einige an der Diskussion beteiligte Literaturpädagogen (*Gerth 1962, Pielow 1964,* [3]*1967, Skorna 1965,* [2]*1968*) deutlich machen konnten, daß die von verschiedenen Autoren häufig dogmatisch vorgetragenen Ansichten über die Funktion der Literatur mit sehr unterschiedlichen Begriffen der Literatur korrespondierten und daß die Autoren häufig Aspekte des literarischen Werkes für das Werk selbst genommen hatten. *1965* entwickelt *Skorna* einen ausführlichen Vorschlag zur Relativierung dogmatisch vorgetragener Positionen, indem er Selbstinterpretationen der Schriftsteller, verschiedene Ansätze der Literaturwissenschaft und der Literaturdidaktik gegenüberstellt.

2. Bei der Beurteilung der kontroversen Meinungen über die Literatur als Lebenshilfe kommt nun aber auch deutlich zum Ausdruck, daß eine oft unreflektierte Theorie der Literatur, eine oft nur implizite Poetik nicht nur die Argumentationen der Literaturwissenschaftler, sondern auch die Argumentationen der Literaturpädagogen mitbestimmt haben. Mit der von *Henze (1963)* formulierten Forderung nach der *expliziten Vermittlung literaturdidaktischer und poetologischer Probleme* bildet sich ein neuer Argumentationsschwerpunkt. Dabei zeigt eine Analyse der relevanten literaturpädagogischen Beiträge, daß alle mehr oder weniger differenzierten Vermittlungsversuche meist unausgesprochen unter der Hypothese stehen, daß über literarische (poetologische) Kategorien die Organisation des Unterrichts nach den Prinzipien des Elementaren oder des Exemplarischen möglich sei. Allgemeine Ziele des Unterrichts werden nun ausdrücklicher auf die jeweilige Ansicht vom "Wesen" der Literatur bezogen. Am Beispiel: Wird Literatur als ein Sprachwerk, als ein ästhetisches Gebilde, als Darstellung menschlicher Empfindungen, Probleme und Handlungen interpretiert, dann gilt als oberstes Ziel des Literaturunterrichts Sprachbildung, ästhetische Bildung oder "allgemein-menschliche" Bildung. Entsprechend beginnen die Autoren mit verschiedenen Formen der Aufdifferenzierung oder Spezifizierung des jeweils obersten Ziels und schaffen damit den Rahmen für eine Lernzielordnung oder -hierarchie: So wird der Begriff der Sprachbildung etwa differenziert durch exemplarische methodische Zugänge zum Verständnis der "Konstellation" sprachlicher Zeichen *(Essen)* oder - als stilistische Bildung - durch verschiedene Arten der Literatur *(Ulshöfer)*. Der Begriff der ästhetischen Bildung wird differenziert durch Strukturen herkömmlicher literarischer Gattungen *(Helmers, Gerth)*, durch verschiedene Erscheinungsformen des Verhältnisses von Dichtung und Wirklichkeit *(Hegele)*,

durch Hauptstrukturmomente oder "Schichten" des literarischen Werkes
(Beinlich) oder durch eine Gliederung nach einfachen ästhetischen Formen *(Klafki, Helmers)*. Der Begriff der allgemeinen Menschenbildung wird
differenziert durch Formen der Vorbilddichtung *(Ulshöfer, Stolte,
Scheuerl, Flitner)*, durch Modelle menschlichen Verhaltens *(Schablin,
Newe, Poethen, Derbolav)* oder durch Formen der "Welt-Anschauung" *(Elschenbroich)*. - Am Rande werden noch andere Differenzierungen vorgeschlagen, etwa nach Weisen des Umgangs mit Literatur (erleben, verstehen, gestalten) oder nach ihren Erscheinungsformen in der Geschichte
(Zimmermann).

Die fachdidaktische Theorie erhebt sich aber erst dann über diese
Entwürfe hinaus auf eine höhere Stufe der Reflexion, wenn sie die wissenschaftstheoretische Frage an den Anfang stellt, *auf welchem Wege*
denn überhaupt Aussagen über Ziele des Literaturunterrichts zu begründen sind. Die ersten Etappen der Entwicklung dieser Frage sind in den
allgemeinen Konzepten zum Deutsch- und Literaturunterricht, in der Diskussion um das Lesebuch und um die Revision der Fachlehrpläne noch weitgehend bestimmt durch den Versuch, durch die scharfe Abgrenzung einer
"eigenständigen" Literaturdidaktik die schwierigen Begründungsprobleme
zu lösen.

1. Das gilt in ganz besonderem Maße, aber zugleich in sehr unterschiedlicher Ausprägung für die Didaktiken von *H. Helmers (1966, [7]1972)* und
R. Geißler (1970[1]). *Helmers* versucht die Sicherung der wissenschaftlichen Basis der Didaktik des Deutschunterrichts einerseits durch die
Bindung der didaktischen Reflexion an die Geschichte des Deutschunterrichts und andererseits durch die Einordnung der Fachdidaktik in ein
Feld von Bezugsdisziplinen:

"Didaktische Begriffe sind aus der Realität des Deutschunterrichts zu
entwickeln. Wie jede Disziplin darf die Didaktik der deutschen Sprache
sich nicht ihre Kategorien und Begriffe von anderen Wissenschaften fix
und fertig vorgeben lassen. Doch benutzt sie dankbar die Hilfeleistung
älterer Disziplinen, insbesondere der Sprach- und Literaturwissenschaf-
ten, der Erziehungswissenschaften, der Sprachphilosophie, der Sprachpsychologie, der Sprach- und Literatursoziologie. Die systematische
Ordnung des didaktischen Gefüges geht zurück auf gedankliche Schemata,
wie sie sich im Bereich des Unterrichts im Laufe von Jahrhunderten entwickelt haben" *(1966, S. 12)*.

Auch *Geißler* betont, indem er sich gegen die Interpretation der Literaturdidaktik als eine Disziplin der Synthese von Literaturwissenschaft,

Psychologie und Pädagogik wendet, den Eigenständigkeitsanspruch der
Literaturdidaktik (S. 19). Doch hebt er im Gegensatz zu *Helmers* den auf
die Zukunft gerichteten emanzipatorischen Aspekt der literaturdidaktischen Reflexion hervor, die erst - hier wird das politische Engagement
Geißlers sichtbar - Didaktik zu einer Instanz machen kann, die von der
unkritischen Abhängigkeit von den Grundsatzentscheidungen der Literaturwissenschaft befreit (S. 21).

2. Charakteristisch für die Diskussion um das deutsche Nachkriegslese-
buch ist die Tatsache, daß die Kritik relativ unverbunden in zwei Strän-
gen nebeneinander herläuft:

Mit dem Aufsatz *Minders (1953)* ist die erste Phase der grundlegenden
Kritik am deutschen Lesebuch eingeleitet, die im Jahre *1961* mit den Arbeiten des *Berliner Arbeitskreises Didaktik* und mit der Dissertation
von *Roeder* ihren ersten Höhepunkt und zugleich ihren ersten Abschluß
erreicht hat. Von diesem Zeitpunkt an finden sich analoge Kritiken nur
noch am Rande (alternative 45) bis sich mit der neuen Grundlagenkritik
am Deutschunterricht (*1968* ff.) die Möglichkeit der Weiterführung der
Argumentationen durch die Kritik an den neu erschienenen Lesebüchern
anbietet *(Ide 1970, Wenzel 1970)*. - Die Stärke dieser Analysen liegt in
ihrer gleichermaßen gegen Literaturunterricht und Literaturwissenschaft
gerichteten Gesellschaftskritik, die Schwäche in der Unfähigkeit, die
Überlegungen auf die repräsentative Theorie des Literaturunterrichts
zu beziehen und die Relevanz des Unterrichtsmediums Lesebuch für den
Unterricht zu reflektieren[12].

In der Zeit, in der die Schulbuchverlage als Reaktion auf die erste
Kritik neue Lesebuchkonzeptionen vorbereiten (*1964* ff.), setzen Überlegungen der Literaturpädagogen zum Lesebuch ein - der Neuansatz läßt sich
mit einem Aufsatz von *Gerth* fixieren (*1965$_1$*) - die zugleich den jeweiligen Stand der allgemeinen Diskussion um den Literaturunterricht spiegeln.
Ob nun die Entscheidung eines Autors mehr für ein der literarischen Tradition verpflichtetes Arbeitsbuch, mehr für ein gegenwartsbezogenes literarisches Arbeitsbuch, mehr für ein literaturkundlich-systematisches
Arbeitsbuch oder für ein primär der stilistischen Erziehung dienendes
Arbeitsbuch fällt, immer werden die Entscheidungen auf die Gesamtauf-
fassung des Faches bezogen bzw. mit den obersten Zielen des Faches begründet. Dort wo sich Repräsentanten der Fachdidaktik der Lesebuchfrage

zuwenden (etwa: *Gerth, Helmers, Ulshöfer*) oder sogar Herausgeber eines
neuen Lesewerks sind (etwa: *Gerth:* "Lesebuch 65" - Schroedel; *Helmers:*
"Lesebuch" - Klett; *Geißler:* "Modelle" - Oldenbourg), wird dieser Zusammenhang besonders deutlich. - Wenngleich sich gerade in der jüngsten
Kontroverse in *Westermanns Pädagogischen Beiträgen (1966)* gezeigt hat,
daß der Streit um das Lesebuch gut geeignet war, literaturdidaktische
Grundpositionen bzw. alternative oberste Lernziele des Literaturunterrichts zu formulieren, so hat diese Kontroverse doch zugleich gezeigt,
welche Beschränkungen der "eigenständigen" Behandlung der Lesebuchfrage
auferlegt sind: Die Diskussion klammert die Frage aus, ob das Lesebuch
Luxus oder Notwendigkeit im Unterricht ist. Sie erreicht nicht die Frage nach der Funktion des Lesebuchs als ein möglicherweise im Medienver-
bund einsetzbares Unterrichtsmedium. Sie klammert auch die Frage nach
der Schulbuchzensur bzw. nach der "Meinungsfreiheit" der Verleger, nach
der Einrichtung eines Staatsverlags oder eines Planungsinstituts für
die Herstellung von Lehrmitteln aus, eine Frage, die unter Gesichtspunkten der modernen Lehrplanreform besonders aktuell ist[13].

3. Die Kritik an den Lehrplänen ist im Gegensatz zu der Kritik am Lesebuch im Rahmen der fachdidaktischen Theorie nie mit derselben Intensi-
tät betrieben worden. Spezielle Lehrplankritiken, die ähnlich entsprechenden Lesebuchkritiken als Teilgebiete der allgemeinen Diskussion um
den Deutschunterricht und seine Theorie aufzufassen sind, finden sich
nur bei *E. Essen (1965), H. Helmers (1970_1)* und *A.C. Baumgärtner (1970_2)*
bei *Helmers* allerdings zugleich unter allgemeineren lehrplantheoreti-
schen Gesichtspunkten.

Zentrum der Kritik bei *E. Essen* ist - in Konsequenz ihrer Didaktik -
die "fachfremde" Bestimmung des Deutschunterrichts in den Präambeln der
Lehrpläne:

"Hier wird die Gefahr sichtbar, die vom Wesen und der Beschaffenheit
der Sprache aus das Fach, dessen Aufgabe und Gegenstand Sprache ist,
ins Konturlose aufzulösen droht, weil Sprache überall ist und alle Inhalte als sprachliche Inhalte scheinbar auch Inhalte der muttersprachlichen Bildung sein können" (S. 18).

Auch der neueste - ausdrücklich unter curriculumtheoretische Gesichtspunkte gestellte - Entwurf einer Lehrplankritik für das Fach Deutsch
von *Helmers (1970_1)* bleibt ganz bewußt im Rahmen des herkömmlichen Den-
kens in Schulfächern (s.o. S. 27), im Rahmen derjenigen didaktischen

Überlegungen also, die in den Zusammenhang der Forderung nach einer eigenständigen Fachdidaktik hineingehören. Es geht *Helmers* ausdrücklich darum, eine "fachdidaktische Theorie des Lehrplans" (S. 35) zu begründen. Daher legt er auch seiner "Taxonomie" der Lernziele des Deutschunterrichts dasselbe Klassifikationsschema der Hauptlernbereiche zugrunde, das er in seiner Didaktik der deutschen Sprache (*1966* ff.) aus der historisch-systematischen Analyse des Deutschunterrichts erarbeitet hat. Die Wahl dieses Schemas hat organisatorische Konsequenzen, denn in den Hauptlernbereichen und Unterbereichen sind - jeweils unter einer Hauptzielsetzung - die Unterrichtssequenzen zum Zweck der systematischen Bildung weitgehend festgelegt. Für den Lernbereich "Literaturunterricht" gilt:

"Da sich die ästhetische Literatur in drei Bereichen (= Gattungen) manifestiert, besteht der Literaturunterricht aus drei Unterbereichen: epische Bildung, dramatische Bildung, lyrische Bildung. Die einzelnen literarästhetischen Arten werden innerhalb dieser drei Unterbereiche (die sich vom ersten bis zum letzten Schuljahr erstrecken) auf die Schuljahre verteilt. Daneben ist die Aufgliederung nach literaturhistorischen Epochen von didaktischer Relevanz" (S. 43).

c) Das Problem einer Fachdidaktik auf dem Hintergrund der modernen Lehrplanreform

Unter unserer Hauptfrage nach der möglichen Begründbarkeit von Lernzielentscheidungen lassen sich an die Diskussion um die Eigenständigkeit der Erziehungswissenschaft bzw. der Allgemeinen und der Fachdidaktiken folgende Überlegungen anknüpfen, die zu einer ersten vorläufigen Differenzierung des Situationsbegriffs führen: Die kritisierten Didaktiken haben bei der Begründung der Lernzielentscheidungen (bzw. bei der Auswahl der Bildungsinhalte und Bildungsgehalte) zwar versucht, die individuelle (gesellschaftlich vermittelte), nicht aber die allgemein-gesellschaftliche Situation zu berücksichtigen. Daher bestand de facto trotz der Distanzierung von dieser Möglichkeit in der Theorie - die Gefahr, Unterrichtsgegenstände mit Gegenständen besonders derjenigen Fachwissenschaften zu identifizieren, die sich von der kritischen Wahrnehmung gesellschaftlicher Interessen fernhielten. Wenn in den Fachdidaktiken nicht die Bedingungen für die Isolierung eines Teilbereichs der Bildung (Umgang mit Literatur) mit bedacht, wenn der Bezug zu allgemeinen Bildungszielen aufgegeben wurde, verstärkte sich diese Gefahr.

Wenn nun neuerdings fachdidaktische Probleme innerhalb der modernen
Lehrplantheorie erörtert werden, dann muß der Rahmen für die Begründung
allgemeiner und spezieller Lernziele so zur Allgemeinen Didaktik hin
geöffnet werden, daß die an der bisherigen didaktischen Theorie kritisierten Verengungen unmöglich sind: Die fachdidaktischen Probleme werden
daher einmal orientiert durch ihren Bezug zu übergeordneten Problemen
der "inneren" und "äußeren" Schulreform und zum andern durch ihren Bezug
zu einer Klasse ähnlich strukturierter individueller und allgemein-
gesellschaftlicher Situationen. Aus diesem Grunde müssen künftige Fachdidaktiken (besser: "Lernbereichsdidaktiken") - von welcher Reichweite
sie auch immer sind (etwa für die Lernbereiche "Umgang mit Dichtung",
"Reflexion auf Wirkungsweisen der Literatur", "Reflexion auf und Erzeugung von Werbetexten") - von Hypothesen über die Relevanz der Isolierung des betreffenden Lernbereichs für die Strukturierung des Gesamtlehrplans ausgehen. Lernbereichsdidaktiken dieser Art können den Re-
flexionsrahmen festlegen, in dem sich Unterrichtsmodelle unterschiedlicher Allgemeinheit anordnen lassen.

Die Frage nach der Eigenständigkeit ist in der Lehrplantheorie auf-
gegangen in der Frage nach den Determinanten für Lernzielentscheidungen
auf verschiedenen Stufen der Allgemeinheit. Wo man heute noch geneigt
ist, der Erziehungswissenschaft und -praxis eine relative Eigenständigkeit zuzugestehen, da sollte diese Entscheidung pragmatisch begründet
sein in der Annahme, daß entsprechende in einem Konsens als wichtig er-
kannte Teilprobleme sich noch am ehesten von bestimmten Erziehungswissenschaftlern und -praktikern lösen lassen, weil diese Probleme den in
der Erziehungswissenschaft bisher aufgeworfenen Problemen am ähnlichsten
sind. Die Frage also, ob von einer bestimmten Allgemeinen Didaktik oder
von bestimmten anderen Wissenschaften her Fachdidaktiken entwickelt werden können, ist falsch gestellt. Ausschlaggebend ist stattdessen die
Formulierung von für wichtig gehaltenen Problemen innerhalb vorläufig
abgegrenzter und gewichteter Lernbereiche und die Auswahl von Experten,
die aufgrund ihrer bisherigen Arbeit am ehesten imstande sein können,
die aufgestellten Probleme zu lösen.

Differenzierungen des Situationsbegriffes verändern das Schema 1 (s.o.
S. 13):

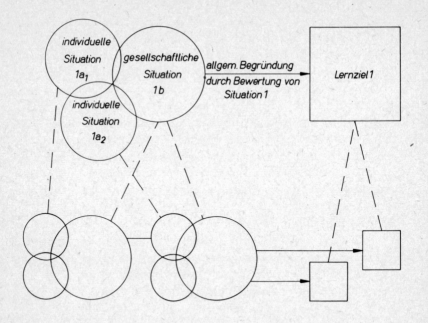

3. Neue Tendenzen in der literaturdidaktischen Diskussion

Die Analyse der neuesten didaktischen Literatur zu einem schulischen Lernbereich (Umgang mit Literatur) bietet die Möglichkeit, die bisherigen allgemeinen Überlegungen zur Begründung von Lernzielentscheidungen zu konkretisieren und weiterzuführen.

Bei dem Versuch, gemeinsame Tendenzen oder auch nur gemeinsame Ausgangspunkte der literaturdidaktischen Diskussion zu beschreiben, gerät man leicht in Gefahr, zu stark zu vereinfachen, besonders dann, wenn man in allgemeinen Formulierungen vorkommende verbale Übereinstimmungen als sachliche Übereinstimmungen nimmt. Der Ausgang von verbalen Übereinstimmungen kann aber als methodischer Ansatz legitim sein, wenn man berücksichtigt, daß jede Diskussion, jeder Verständigungsversuch nur durch partielle verbale Übereinstimmung zustande kommen kann, selbst wenn sich im Verlauf des Gesprächs herausstellt, daß die angenommene Übereinstimmung eine Täuschung war. So leitet erst die Auseinandersetzung um die Anerkennung eines allgemeinen Lernziels etwa durch spezifizierende Fragen und Behauptungen einen Explikationsvorgang ein, der unterschiedliche Intentionen sichtbar machen kann (s.o. S. 11 ff.). - In der vorliegenden Literatur finden wir entsprechende explizite Auseinandersetzungen selten. Stattdessen müssen wir selbst - wo es aufgrund der von einem Autor angeführten Spezifikationen allgemeiner Lernziele zulässig scheint - die Gegenüberstellung vornehmen.

a) Literaturunterricht als ein wissenschaftliches Problem

Baumgärtner und *Dahrendorf*, die Herausgeber des Bandes "Wozu Literatur in der Schule?" *(1970)* haben den Mitarbeitern

"einen Katalog von Fragen vorgelegt, die ihnen in der gegenwärtigen Schulsituation einer Erörterung und unter Umständen neuer Antworten bedürftig schienen." Die erste Frage lautet: "Welche Beziehungen bestehen zwischen der Didaktik und Methodik der literarischen Erziehung und den

Wissenschaftsbereichen, die zu ihrer größeren Effizienz beitragen können? Wie ist vor allem das Verhältnis der Literaturpädagogik zur Literaturwissenschaft zu sehen?" (S. 9 f.).

Mit dieser Frage ist noch einmal der Schritt bezeichnet, der aus dem Vor-
feld der Überlegungen zur Möglichkeit einer wissenschaftlich begründeten
Didaktik des Literaturunterrichts oder - auf einen weiteren Gegenstands-
bereich bezogen - einer Erziehung durch und zur Literatur herausführt,
in dem sich noch die Autoren bewegen, die wie *Pielow (1964, [4]1970)*,
Skorna (1965, [2]1968), Kleinschmidt (1968) u.a. ohne vorgängige wissenschaftstheoretische Reflexion das Verhältnis von Literatur (bes. Dichtung) und Pädagogik beschreiben wollen (s.o. S. 24 ff.). Wenn etwa
Pielow nach den "Kategorien, die in beiden Bereichen beheimatet sind"
(S. 7), nach dem "Pädagogisch-Eigentlichen" in der Dichtung (S. 10)
fragt, dann es ist für ihn noch kein ausdrückliches Problem, wer die
Instanz sein kann, die die "Bedeutung" der "Kategorien" bzw. des "Pädagogisch-Eigentlichen" bestimmt.

Zunächst einmal ist an dieser Stelle *A. Beinlich* zu nennen, dessen
Arbeiten zur Literaturdidaktik (speziell zur literarischen Entwicklung)
bereits Anfang bis Mitte der 60ger Jahre erschienen sind. Sein ausdrücklich wissenschaftstheoretisches Interesse schlägt sich in allen kritischen Analysen der Beiträge zur Literaturdidaktik in der Vergangenheit
und Gegenwart nieder. Dabei zeigt er vor allem, daß eine akzeptable
Theoriebildung dann verhindert wird, wenn die Zusammenarbeit verschiedener relevanter Forschungszweige (Literaturpädagogik - Literaturwissenschaft, -kritik, -ästhetik - Literatursoziologie, Volkskunde - Literarpsychologie, Sprachpsychologie) und -methoden (qualitativ und quantitativ) nicht gewährleistet ist. Zu welchen Mängeln in der Theoriebildung das Überwiegen einseitiger Gesichtspunkte führt, kann er an "Epochen der Theoriebildung" (Wolgast: Literarästhetik - Schlieber-Lippert:
Literarpsychologie) deutlich machen und kritisieren.

Da die Probleme, die *Beinlich* aufwirft, seit der Diskussion um die
Eigenständigkeit der Didaktik, für unseren Lernbereich spätestens seit
der Didaktik von *Helmers (1966)* immer wieder gestellt werden, kann ihre
Reflexion bzw. Ignorierung bei einem Autor von diesem Zeitpunkt an als
ein Kriterium für die Bewertung des theoretischen Niveaus eines Diskus-
sionsbeitrags gelten. - Daß *1970* infolge der ständigen scharfen Angrif-
fe auf den Deutschunterricht und infolge der Diskussion um eine weit-

reichende Schulreform, in einer Zeit der größten Verunsicherung über
die möglichen Funktionen des Literaturunterrichts also, die Grundlagen-
problematik der Didaktik als notwendiger Bestandteil der fachdidaktischen Diskussion angesehen wird, ist verständlich. Umso erstaunlicher,
daß der umfangreiche Handbucharttikel von *Kochan (1971)* diese Fragestellung ausspart.

Die Ansichten über die Möglichkeit einer wissenschaftlichen Literaturdidaktik haben sich seit *Helmers* entscheidend differenziert und modifiziert: Zwar spielt für *Helmers* bei der Diskussion der Grundlagenpro-
blematik die Klärung des Verhältnisses von Literaturwissenschaft und
Literaturdidaktik eine besonders große Rolle, doch liegt der eigenständige Ansatz seiner Fachdidaktik in der systematischen Auswertung der
Geschichte der Theorie und Praxis des Unterrichts. Indem *Helmers* aus
der Geschichte des Deutschunterrichts einen Arbeitsbereich "Literaturunterricht" mit abgrenzbaren Aufgaben begründet, geht es ihm weniger
darum, Literaturdidaktik und Literaturwissenschaft einander entgegenzusetzen als vielmehr darum, "fachspezifische" Zielsetzungen gegen Zielsetzungen anderer Fächer abzugrenzen (*1966, [7]1972*, S. 21, S. 26; *1970[1]*
S. 33 f.). Trotz der ausdrücklichen Unterscheidung der literaturdidaktischen von der literaturwissenschaftlichen Fragestellung, die *Helmers*
(1966) und vor ihm *Gerth (1965[2]*, S. 55, S. 61 u.a.)* im Anschluß an die
geisteswissenschaftliche Didaktik vornimmt, ergibt sich bei der Spezifizierung allgemeiner Lernziele eine charakteristische Abhängigkeit didaktischer von fachwissenschaftlichen Entscheidungen: Indem beide die
Selbstinterpretation der herrschenden Literaturwissenschaft akzeptie-
ren, die beansprucht, den "Eigenanspruch der Sache" bzw. deren "Spezifik"
(*Helmers 1966, [7]1972*, S. 27) zu vertreten bzw. nach der "ästhetischen
Seinsweise" der Dichtung zu fragen, billigen sie schließlich der Fachwissenschaft den "objektiveren" Standpunkt zu, ohne die Frage nach den
didaktischen Implikationen einer bestimmten fachwissenschaftlichen Analyse zu stellen. So kommt es, daß *Gerth* und *Helmers*[14] die reine "Sachanalyse" vor die "didaktische Analyse" stellen:

"Das Zentrum der Unterrichtsvorbereitung ist der Dreischritt sprachliche
bzw. literarische Analyse ⟶ didaktische Analyse ⟶ methodische Analyse.
Den Überlegungen zum Gegenstand folgen die Fragen nach dessen unterrichtlicher Zubereitung, sowohl in inhaltlicher (didaktischer) wie in verfah-
rensmäßiger (methodischer) Sicht. Einzelne Stufen des Dreischritts können nicht ausgelassen werden; auch ist eine Verkehrung der Reihenfolge
nicht möglich" (*Helmers 1966, [7]1972*, S. 46 f.).

Mit den Beiträgen einiger Autoren ist schon relativ früh eine andere
Sicht des Problems einer wissenschaftlichen Literaturdidaktik in die
Diskussion eingeführt worden, durch die nicht das Verhältnis von Fachdidaktik und Fachwissenschaft "an sich" bestimmt werden soll, sondern
die im Gegensatz zu *Helmers* w e r t e n d von einer historischen Interpretation dieses Verhältnisses ausgeht, um von hier aus die gegenwärtige Situation zu beurteilen. (s. dazu jetzt auch *Gerth 1971*, dessen
Auseinandersetzung mit aktuellen Positionen der Literaturdidaktik als
ein Versuch der Selbstrechtfertigung zu interpretieren ist.)

Das gilt besonders für die Überlegungen *Ivos*. Der Schwerpunkt seines
Interesses am Problem einer wissenschaftlichen Fachdidaktik liegt auf
der wertenden Analyse des Zusammenhangs von "Zielen, Inhalten und Verfahrensweisen eines Unterrichtsfaches" und der "kulturellen Gesamtsituation". Da *Ivo* von der Feststellung ausgeht, daß sich die Unterrichtsziele nachweislich an Wert- und Zielvorstellungen der Gesellschaft orientieren und da er überzeugt davon ist, daß sie sich an solchen Vorstellungen orientieren sollten (*1966*, S. 53 ff.), ist sein Versuch verständlich, die Aufgaben der Literaturdidaktik ausdrücklich an Erfordernisse
der Gesellschaft zu binden[15]. - Wenn *Ivo* nun in der gemeinsamen Orientierung an Erfordernissen der Gesellschaft die partielle Identität der
"Fragestellungen" oder der "Zielsetzungen" findet, dann täuscht ihn doch
die eigene Auffassung weder über die gegenwärtige Diskrepanz der Fragestellung vieler Fachwissenschaftler und Fachdidaktiker (*1969$_1$*, S. 121)
noch darüber hinweg, daß sich oft gerade solche Tendenzen der Gesamtge-
sellschaft in den Fächern unterschwellig reproduzieren können, die anerkannten politischen Zielen widersprechen (*1966*, S. 80).

Ivo fordert die Gleichartigkeit der Fragestellung von Literaturdidaktikern und Literaturwissenschaftlern, um unter dieser Voraussetzung
die Literaturdidaktik in die Literaturwissenschaft zu integrieren, und
er sieht in der institutionalisierten Zusammenarbeit der Wissenschaftler in einigen literaturwissenschaftlichen Instituten eine Möglichkeit
für die Verwirklichung seiner Forderung. (*1969$_1$*, S. 21) Offen bleibt
bei ihm die Frage, wie oder durch wen sich die "objektiven Interessen"
der Gesellschaft, die zu den erkenntnisleitenden Interessen der Wissenschaftler werden sollten, überhaupt feststellen oder bestimmen lassen.

Während *Ivos* Überlegungen in der Forderung nach der Gleichartigkeit
der Fragestellung von Fachwissenschaften und Fachdidaktiken einmünden,

stellen *Dahrendorf (1970), Gail (1969)* und *Geißler (1970)* - obwohl auch
sie sich auf den aktuellen Zusammenhang von Literaturwissenschaft und
Literaturdidaktik beziehen - die Forderung der notwendigen Emanzipation
der Literaturdidaktik von der Literaturwissenschaft auf. Dabei besteht
keiner auf der prinzipiellen Diskrepanz der Fragestellungen. Die ent-
gegengesetzte Auffassung ergibt sich aber, weil die Autoren sich darauf
konzentrieren, an der Geschichte und an der Gegenwart die verhängnis-
vollen Konsequenzen der zu engen Bindung einer wenig selbstbewußten Literaturpädagogik an die Literaturwissenschaft aufzudecken:

"In der unkritischen Abhängigkeit von Grundsatzentscheidungen der Literaturwissenschaft wird eine doppelte Gefahr für die Literaturdidaktik
sichtbar. Einmal ermangelt es ihr in ihrer nachhinkenden Adaption an
einer eigenständigen Beeinflussung dieser Grundsatzentscheidungen, zu
der sie, könnte sie sich wissenschaftlich ausweisen, legitimiert wäre,
zum anderen kann sie leicht ihren pädagogischen Auftrag verfehlen"
(*Geißler 1970*$_1$, S. 21).

"Solange und sofern aber die Germanistik sich von ihrer gesellschaftlichen Verantwortung distanziert, kann der Deutschunterricht in dieser
Phase bildungspolitischer und -organisatorischer Umorientierung dort
nicht Maß nehmen (*Gail 1969*, S. 30).

Es führt zu ganz unterschiedlichen Folgerungen auf Inhalte und Ziele
der literarischen Erziehung, je nach dem, ob die Literaturdidaktik sich
an die Ergebnisse ihrer Fachwissenschaft, der Literaturwissenschaft,
hält, zumal wenn diese noch einen sehr engen Literaturbegriff pflegt,
oder ob sie mehr von der Frage ausgeht, was an Lese- und Literaturfähig-
keit zur Existenzsicherung in der Gesellschaft und zur Wahrung der Bil-
dungschancen gelernt werden muß" (*Dahrendorf 1970*, S. 37).

Geißler vertritt am strengsten den Anspruch der Eigenständigkeit der
Literaturdidaktik, wenn er die Auffassung der Literaturdidaktik als
eine "Disziplin der Synthese aus Literaturwissenschaft, Psychologie
und Pädagogik" kritisiert, die unkritisch "alle historischen Wandlun-
gen der sie bestimmenden Grundfächer" mitmacht (*1970*$_1$, S. 21; s.o. S.
27 ff.). Im Gegensatz zu *Ivo, Gail* und *Dahrendorf* distanziert er sich auch
von der Meinung, daß literarische Erziehung mit "allgemeinen Erziehungszielen" korrespondieren sollte, "über die heute in der Gesellschaft und
der auf sie bezogenen Erziehungswissenschaft ein relativer Konsens
besteht" (*Dahrendorf 1970*, S. 30).

Die Meinung dieser Autoren steht nicht im ausdrücklichen Widerspruch,
läßt sich vielmehr teilweise differenzieren durch die Meinung *Sanners*
(1969), der nicht über eine historisch-inhaltliche, sondern über eine
unhistorisch-formale Fragestellung das Verhältnis von Literaturwissen-

schaft und Literaturdidaktik klären will mit dem Ziel der differenzierten Bestimmung des "didaktischen Prinzips" in der Literaturwissenschaft.

Besonders wichtig sind in diesem Zusammenhang seine Überlegungen zu den Verfahrensweisen des Literaturwissenschaftlers und des Literaturdidaktikers, die einmal verdeutlichen, daß Auswahlprobleme vom Fachwissenschaftler ebenso wie vom Fachdidaktiker über eine Kategorisierung von Texten gelöst werden können, daß beide ein didaktisches Verhältnis berücksichtigen: Schüler - Text, erwachsener Leser - Text, Student - Text, Fachkollege - Text (S. 137), daß die Frage nach der Bedeutung eines Gegenstandes oder Themas sich dem wissenschaftlichen ebenso wie dem pädagogischen Problembewußtsein stellt (S. 137 f.), daß sich jedes Verstehensmodell als didaktische Struktur interpretieren läßt und daß schließlich wissenschaftliche Zugänge zur Literatur nur gradweise von Zugängen in der Schule unterschieden sind (S. 138).

Sanner hat sicher recht, wenn er feststellt, daß die Frage, "ob die Fachdidaktik mehr in der Erziehungswissenschaft oder in der Fachwissenschaft beheimatet" (S. 142) ist, schon "im Ansatz falsch gestellt" wurde. - Ähnlich argumentiert auch *Doderer (1970,* S. 29*).* - Aber er berücksichtigt nicht, daß nicht nur das didaktische Prinzip in der Literaturwissenschaft durch diese Frage übersehen wird, sondern daß die Frage auch den Anschein erweckt, als könnte sie grundsätzlich, d.h. ohne Berücksichtigung der jeweiligen Situation beantwortet werden. Es geht ja nicht allein darum, daß ein didaktisches Prinzip, sondern welches didaktische Prinzip in der Literaturwissenschaft wirksam ist. *Sanner* hat ein idealisiertes - nicht konfliktorisches - Verhältnis von Literaturdidaktik und Literaturwissenschaft zugrunde gelegt. Gehen wir aber davon aus, daß Theorien der Literatur im Prozeß der wissenschaftlichen Entwicklung schnell veralten, daß mehrere Theorien in Konkurrenz treten können, und beachten wir, daß die didaktischen Felder (der Schule, der Universität usw.) unterschiedliche Entscheidungsfelder darstellen, in denen Zielentscheidungen entsprechend unterschiedlich begründet werden können, dann wird klar, daß gerade der Blick auf die jeweils spezifischen Bedingungen partiell identischer Entscheidungsfelder dem Literaturdidaktiker die Möglichkeit bietet, sich von den jeweils herrschenden Tendenzen der Literaturwissenschaft zu distanzieren.

Daß die partielle Identität der Fragestellung von Literaturwissenschaft und Literaturdidaktik theoretisch möglich ist, bestreitet keiner

der Autoren. Auch der These, daß alle Haupttätigkeiten der Wissenschaftler (Literaturwissenschaftler und Fachdidaktiker) formal partiell identisch sind *(Sanner)*, müßten die Autoren zustimmen. - Unterschiedlich ist
aber ihre Berücksichtigung und ihre Einschätzung der aktuellen Lage der
Wissenschaften und damit die Einschätzung der Möglichkeit einer Zusammenarbeit von Literaturwissenschaftlern und Literaturdidaktikern, z.B.
in Institutionen der Lehrerbildung. Einige heben die unterschiedliche
Einstellung zur Orientierung der wissenschaftlichen Fragestellung an
den Interessen der Gesellschaft als trennendes Merkmal hervor (bes.
Gail). Nicht berücksichtigt wird, daß alle wissenschaftlich vorbereite-
ten Zielentscheidungen durch unterschiedliche Entscheidungsfelder bestimmt bleiben, daß sie zu begründen sind durch den Bezug auf besonders
stark gewichtete Teilkomplexe der allgemeineren Komplexe "gesellschaftliche" und "individuelle Situation" (etwa: Umgang mit Literatur in der
Schule, in der Universität, im Beruf, in der Freizeit).

b) *Allgemeine Begründungen für den Literaturunterricht*

Noch 1964 beginnt *Pielow*[16] sein Buch "Dichtung und Didaktik" mit den
Worten:

"Es ist selbstverständlich, daß wir uns in der Schule mit Dichtung und
Literatur beschäftigen. Eine Schule ohne Dichtung als Bildungsgut ist
undenkbar" (S. 9).

Und ein Aufsatz von *Beinlich (1965)* beginnt:

"Es ist eine Binsenwahrheit, daß bei der Bildung der Heranwachsenden
der pädagogisch geführten sprachlichen Unterweisung und dem Umgang mit
Dichtung zentrale Bedeutung zukommt" (S. 110).

Es mag sein, daß die Betonung von Selbstverständlichkeiten immer bereits
als ein Anzeichen der Verunsicherung gelten kann, *1970* ist jedenfalls
unter einer skeptischen Akzentuierung die Frage "Wozu Literatur in der
Schule?" zu einer der zentralen Fragen der literaturdidaktischen Diskussion geworden. Die Berufung auf Selbstverständlichkeiten kann man
sich nicht mehr leisten.

Natürlich lassen sich auch aus früheren kontroversen Formulierungen
und Spezifikationen allgemeiner Lernziele des Literaturunterrichts bzw.
- wie es in der entsprechenden Literatur meistens heißt - allgemeiner

"Funktionen" der Literatur im Unterricht Begründungsmomente für den
Literaturunterricht herausarbeiten, denken wir nur an die Formulierungen über Dichtung als "Lebenshilfe" oder "Bildungshilfe", deren Leerheit und das heißt zugleich deren beliebige inhaltliche Füllbarkeit
E. Essen (1955) Baumgärtner (1970$_2$) u.a. kritisiert haben. Auch wenn
in früheren Erörterungen Ansichten über das "Wesen" der Dichtung oder
des Menschen ausgesprochen werden, dann sollen diese Ansichten der indirekten Begründung des Literaturunterrichts dienen (s.o., S. 25 ff.).
Lange Zeit war man überzeugt, daß zusätzlich zu entsprechenden Wesens-
aussagen nur eine allgemeine entwicklungspsychologische Hypothese nötig
sei (etwa über Altersbedingungen für die Entwicklung des Interesses an
bestimmter Literatur), um diese Ansichten umzuformulieren in Ziele des
Literaturunterrichts auf verschiedenen Stufen der Bildung. Doch selbst
wenn die Autoren bei der Bewertung bestimmter Literatur für den Unterricht stark voneinander abweichen, sie sind weit davon entfernt, die
Notwendigkeit der Beschäftigung mit Literatur (vor allem mit Dichtung)
in der Schule grundsätzlich anzuzweifeln. Es geht nur darum, die "besondere Eigenart der Bildungsbedeutsamkeit" *(Pielow 1964, [4]1970, S. 9)*
immer neu herauszustellen.

Ganz sicher hat keine immanente Entwicklung der literaturdidaktischen
Diskussion zu der grundsätzlichen Verunsicherung in den letzten Jahren
geführt. Eher scheint es angebracht, in der Erweiterung unseres soziologischen "Allgemeinwissens" und - in enger Beziehung dazu - in den ge-
planten Neuerungen unseres Bildungswesens einen Motor der Entwicklung
der Diskussion über die literaturdidaktische Theorie und über die Praxis
des Literaturunterrichts zu sehen. - So prägen vor allem die Auseinandersetzung mit empirischen Daten, etwa mit Daten der Buchmarktforschung,
der Literatursoziologie, die Verarbeitung neuer theoretischer Ansichten über die Gesellschaft und über die Rolle der Literatur in der Gesellschaft zusammen mit der Diskussion von Zielvorstellungen der gesellschaftlichen Entwicklung die neuesten Arbeiten zur Literaturdidaktik.

Bereits in den Aufsätzen von *Ivo* und *Dahrendorf*, auch in einigen
Beiträgen zur Lesebuchkritik (s.o., S. 28 f.) *(Roeder, W. Schulz u.a.)*
sind einige dieser Momente in einem kritischen Ansatz zusammengefaßt,
aber erst mit den grundsätzlichen Angriffen auf den gegenwärtigen
Deutschunterricht und seine Theorie seit dem Berliner Germanistentag
(1968) sind die Grundlinien der Kritik so weit in die Öffentlichkeit

gedrungen, daß die Distanzierung von der Frage nach der allgemeinen Begründung des Literaturunterrichts unmöglich gemacht ist.

Hinter der skeptischen Frage nach der Begründung für einen Literaturunterricht lassen sich drei Hauptinteressenrichtungen nachweisen:

1. Schon *1957* schreibt *Heimann:*

"Es konnte z.B. zunächst den Anschein haben, als ob die *technisierten
Massenkommunikationsmittel* (Film, Funk, Fernsehen) eben nur ingeniöse
Verbreitungs- und Vervielfältigungsorgane für vorhandene und überlie-
ferte Kulturinhalte seien. Eine solche Theorie ist nicht haltbar. Die
technischen Instrumente sind längst *eigenproduktiv* geworden und leisten
höchst originäre Beiträge zu einer modernen Daseinsinterpretation, wie
der Film. Sie haben sich nicht nur zum Rang lyrisch-episch-dramatischer
Kunstformen erhoben, sie übertreten um ein Vielfaches die soziologische
Breitenwirkung dieser überlieferten Darstellungsmodi" (S. 191).

Die Rolle der literarischen Erziehung oder der Leseerziehung in der
Schule erscheint dann unrechtmäßig betont, wenn man sich wie *Heimann*
weder auf die Forderung der selbstverständlichen Wahrung der literarischen Tradition durch die Schule beruft, noch davon ausgeht, daß die
Schule die Ergebnisse der Literaturwissenschaft vereinfacht zu vermitteln habe, sondern wenn man nach der relativen Bedeutung der Literatur für die "moderne Daseinsinterpretation" fragt. Für Autoren, die
dieselbe Situation wie *Heimann* im Auge haben, schrumpft die Bedeutung
der Literatur leicht zusammen. Literarische Erziehung bzw. Leseerziehung
lassen sich höchstens als ein Teilbereich der Freizeitpädagogik, in der
Schule: der "Freizeitkunde" (*Froese 1962*, S. 189) auffassen, die mit
dem Trend unserer Gesellschaft zu einer Freizeitgesellschaft notwendig
geworden scheint. Entsprechende situationsbezogene Überlegungen führen
aber nicht nur zur Skepsis gegenüber einem eigenständigen Literaturunterricht, sie können auch grundsätzlichere lehrplantheoretische Erwä-
gungen einleiten über die Frage, ob nicht von einer allgemeinen Zielsetzung "Teilnahme an der Gegenwartskultur" her der traditionelle Lehrplan im ganzen infrage gestellt werden muß (*Giesecke 1967*, S. 234 ff.).

Weber, der in seiner Monographie über die "Freizeitgesellschaft und
das Buch" *(1967)* als erster ausführlich Probleme der literarischen Erziehung und der Leseerziehung auf dem Hintergrund einer Freizeitpädagogik diskutiert hat, ist freilich nicht grundsätzlich skeptisch gegenüber der Bedeutung des Lesens. Dabei kann sich *Weber* auf Ergebnisse der
Marktforschung berufen, die die "zentrale Rolle" des Lesens nach wie

vor sichtbar machen (S. 13 ff.) und die die Hypothese zu widerlegen
scheinen, daß das wachsende Interesse an neuen Massenmedien das Lesen
verdrängt hat (S. 17 ff.). (In seinem neuesten Beitrag hebt er allerdings deutlicher die diesbezüglichen methodischen Schwächen einiger empirischer Untersuchungen heraus (*1970*, S. 128 ff.)). Wichtiger ist noch,
daß *Weber* mit seiner Theorie der "anthropologischen Bedeutung der Freizeit" herkömmliche Begründungen für den Literaturunterricht teilweise
stützen kann. Das wird deutlich, wenn wir bedenken, daß er neben der
"Regeneration" und der "Kompensation" - anders als etwa *J. Habermas*[17] -
die "Ideation" als eine wichtige Funktion der Freizeit heraushebt:

"Ideation meint diese Orientierung im Bereich des Ideellen, also die
Konfrontation mit den letzten Sinnfragen des menschlichen Daseins, die
Begegnung mit dem Absoluten ... Der ideelle Sinngehalt kann z.B. beim
besinnlichen, verweilend-meditierenden Lesen bedeutsamer Texte aufleuch-
ten, wie wir sie in dichterischen Kunstwerken, philosophischen oder
religiösen Büchern besitzen" (S. 11).

Webers Forderung des "Ausbaus einer speziellen Didaktik und Methodik
der Privatlektüre" (S. 44) ist schließlich doch mehr als Aufforderung
zur Neuinterpretation der Aufgaben des Literaturunterrichts gedacht
(auch des Dichtungsunterrichts), die Existenz des Unterrichtsfaches
stellt sie nicht infrage.

2. Die Skepsis gegenüber der Bedeutung des Literaturunterrichts nimmt
zu, wenn gezeigt werden kann, daß die von Weber als eine Funktion des
Lesens herausgestellte Ideation an einen schichtspezifischen Bildungs-
begriff gebunden ist. Dieser kritische Ansatz gegenüber dem bisherigen
Literaturunterricht setzt sich gegenwärtig langsam durch, in dem Maße,
in dem das Interesse für die sozio-kulturellen Bedingungen des Leseverhaltens das Interesse an einfachen Stufen- und Phasenschemata der Entwicklung von Leseinteressen und literarischen Interessen verdrängt: Die
Forderung der Entwicklung einer Lesertypologie durch *Bamberger (1953 ff.)*,
Beinlichs (1960 ff.) Versuch, die Differenzierung der literarischen Entwicklung auf ein literaturtheoretisches Modell (*Ingarden*) abzubilden,
und *Bödeckers (1957 ff.)* empirische Erhebungen zum Leseverhalten der
Land-, Kleinstadt-, Mittelstadt- und Großstadtbevölkerung leiten zu dem
neuen Schwerpunkt über.

  Charakteristisch für die Anfänge der Verarbeitung "soziologischer"
Argumente in der literaturpädagogischen Diskussion ist der Vorschlag

zur *einseitigen* Verstärkung der jeweiligen Ausgangsmotivation. Wenn sich
etwa *Hasseberg (1955)* gegen die Überbewertung der Literatur im Unterricht ausspricht, dann nicht etwa, weil die Verwirklichung des Prinzips
der Chancengleichheit unter dieser Voraussetzung unmöglich ist, sondern
vielmehr weil das Lesen die Gefahr mit sich bringen kann, bestimmte
Gruppen ihrer "wirtschaftlichen Aufgabe und Stellung" zu "entfremden"
(S. 11). *Hasseberg* interpretiert Unterschiede in der Lesemotivation
schichtspezifisch, er sieht, daß die Sprache vieler Bücher nicht den
Erfahrungsbereich von Arbeiterkindern trifft, und erkennt die Notwendigkeit der Relativierung literarischer oder sprachlicher Werturteile.
Doch zeigt seine Formulierung der Unterrichtsziele, daß er von einem
statischen Gesellschafts- und Begabungsbegriff ausgeht.

"Der Eifer für das Buch sollte uns nicht blindmachen gegen die Tatsache,
daß heute in unserer Gesellschaftsordnung drei Menschentypen gleichwer-
tig und gleichwichtig nebeneinanderstehen: der Gelehrte, der Unterneh-
mer und der Arbeiter. Die soziale Gerechtigkeit erheischt, daß es weder
ein Vorteil noch ein Nachteil ist, einer der drei Gruppen anzugehören"
(S. 9).

Als erster hat *Dahrendorf (1961 ff.)* in seinen Veröffentlichungen über
die Rolle der Jugendlektüre Probleme des schichtspezifischen (und analoge Probleme des geschlechtsspezifischen) Leseverhaltens auf dem Hintergrund der Vorstellung einer dynamischen Gesellschaft und das heißt auch
auf dem Hintergrund eines dynamischen Bildungsbegriffs interpretiert,
um von hier aus die stabilisierende Funktion eines allein an der Dichtung orientierten Literaturunterrichts anzugreifen. - Neuerdings sind
diese Überlegungen mit der allgemeineren Diskussion um das Problem der
"Sprachbarrieren" und um die "kompensatorische Erziehung" verknüpft[18].

3. "Zum literarischen Leben gehört nicht nur die üblicherweise im Unterricht besprochene Literatur, sondern ebenso die massenhaft verbrei-
tete Literatur, die von einem wertenden Standpunkt aus oft zweite Literatur genannt wird." *(Ivo 1969$_2$, S. 83)*

Sowohl *Weber* als auch *Dahrendorf* haben sich bei ihren Vorschlägen zur
Neuorientierung des Literaturunterrichts an der Situation des literarischen Marktes der Gegenwart orientiert und dabei die Diskrepanz zwischen
dem Angebot auf dem literarischen Markt und dem Angebot im Literaturunterricht kritisiert. - Der Aufweis dieser Differenz - das zeigen vor
allem auch die Überlegungen *Ivos (1965* ff.), der ausdrücklicher als
Weber und *Dahrendorf* die Situation des literarischen Marktes oder das

"literarische Leben" zum Ausgangspunkt seiner Argumentationen nimmt - führen zwar nie zum grundsätzlichen Zweifel an der Wichtigkeit der literarischen Erziehung, doch bringen die neuen Ansichten über die Ziele des literarischen Unterrichts ("Teilnahme am literarischen Leben der Gegenwart") eine so große "Ausweitung des Feldes mit sich, das Gegenstand des Literaturunterrichts ist" (S. 83), daß mit demselben Ausdruck "Literaturunterricht" im Grunde ein neuer Lernbereich gemeint ist.

Alle Haupteinwände beziehen sich auf implizite Begründungen des bisherigen Literaturunterrichts, in denen die scheinbare Sicherheit bei der Bewertung bestimmter Literatur, die scheinbare Sicherheit bei der Beurteilung der Bedeutsamkeit der Literatur in unserer Kultur und die scheinbare Sicherheit in den Aussagen über die "gesetzmäßige" Entwicklung der literarischen Interessen und der Leseinteressen über die aktuelle literarische Situation hinweggetäuscht hat.

Weber, *Dahrendorf* und *Ivo* versuchen, unter verschiedenen Akzentuierungen die aktuelle literarische Situation (geschichtete Literatur - geschichtete Leseverhalten) in den Blick zu rücken. Damit gewinnen sie Ansätze zu einer Begründung eines neuen Literaturunterrichts, in die ein unter individuellem und gesellschaftlichem Aspekt differenzierter Situationsbegriff eingeht.

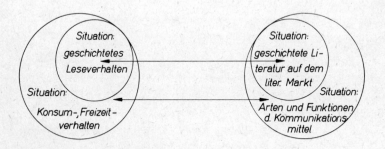

Allerdings haben sich die Zweifel an den Selbstverständlichkeiten in der literarischen Erziehung, die Zweifel an einer allgemeingültigen Interpretation der Situation des Menschen in der "Wirklichkeit" oder im "Leben" durch die Dichtung, die Zweifel an positiven Wirkungen, die aus scheinbar objektiv gegebenen Strukturen der Dichtung ableitbar sind, die Zweifel an den Gesetzen der psychischen Entwicklung usw. längst nicht genügend in der neueren Literatur zum Literaturunterricht durchgesetzt. - So spielen - abgesehen von dem neuen *Bildungsplan für das Fach Deutsch an den Gymnasien des Landes Hessen (1969)*, von einigen Bemerkungen in den Gymnasiallehrplänen für *Schleswig-Holstein (1969)* und *Niedersachsen (²1965)* [19] und abgesehen von Bemerkungen zur Bekämpfung von Schmutz- und Schundliteratur durch den Dichtungsunterricht in einigen Volksschullehrplänen - auch in den neueren Lehrplänen für den Deutschunterricht entsprechende situationsbezogene Begründungen für die Beschäftigung mit Literatur keine Rolle, auch dann, wenn sich im Lehrplan deutlich eine neue Auffassung des Faches ausdrückt (etwa: *Berlin 1968*). Die Lehrpläne enthalten stattdessen weiter emphatische Wendungen über die unmittelbaren positiven Wirkungen der Dichtung bzw. vage Formulierungen über die Funktion der Dichtung als Lebenshilfe. - Auch neuere größere Arbeiten zum Literaturunterricht nehmen von der Kritik keine Notiz (etwa: *Spieler-Thamm 1968, Ter-Nedden 1969*).

Wo nun von der Auseinandersetzung mit dem bisherigen Literaturunterricht und seiner Theorie her Begründungen für einen neuen Literaturunterricht entwickelt werden, wird die Vergleichbarkeit oft durch die Tatsache erschwert, daß die Autoren ihren Begründungen unterschiedliche Begriffe von "Literatur" bzw. von "Lesen" zugrunde legen, daß sie sich auf partiell unterschiedliche Ausgangssituationen richten, auf die sie teils verändernd einwirken wollen (s.o., S. 10 ff.). Während einige Autoren eng umgrenzte Situationen ausdrücklich vor anderen als besonders wichtig auszeichnen (etwa: *Helmers*)[20], verstehen andere Autoren ihre Einschränkung auf dieselben Situationen lediglich als methodische Einschränkungen (etwa: *Geißler*). Aber auch bei den einzelnen Begründungen selbst ergeben sich neue Schwierigkeiten: Die Autoren, die ihre Kritik mit Recht gegen die Theorie des bisherigen Literaturunterrichts mit ihren unbewiesenen Behauptungen über bestimmte Literatur und ihre Funktion gerichtet haben, üben verständlicherweise selbst besondere Zurückhaltung in der Formulierung allgemeiner Hypothesen über den Sinn

der Beschäftigung mit Literatur. Diese zunächst einmal positiv zu bewertende Einstellung führt aber leicht dazu, daß bei der Formulierung
von Lernzielen die Bewertung der beschriebenen Ausgangssituationen und
damit auch die Festlegung einer Richtung für ihre Veränderung überhaupt
vermieden wird. So geraten einige neuere Ansätze wider Willen mit der
indirekten Bestätigung der Ausgangssituationen in eine Anpassungshal-
tung hinein.

Das gilt nicht für *Geißler*, dessen neueste Arbeiten *(1970)* als ein
allgemeiner Begründungsversuch des Dichtungsunterrichts aufgefaßt werden können.

"Unsere gesellschaftliche Situation ist – soziologischen Untersuchungen
folgend – vor allem durch Entfremdung, Verdinglichung und Manipulation
gekennzeichnet. Alle drei Momente haben eine Entpersönlichung des Ich
zur Folge. Damit wächst die Bürokratie nicht nur quantitativ, es wächst
auch die Möglichkeit ihrer wirksamen Machtentfaltung. Die Verantwort-
lichkeit des einzelnen verfällt, die Herrschaft der Apparate tritt an
deren Stelle" *(1970$_2$*, S. 65).

Geißler beantwortet die Frage nach "Sinn und Zweck der Literatur in
unserer gegenwärtigen Welt" und damit nach "Sinn und Zweck des Literaturunterrichts" *(1970$_1$*, S. 74)* mit der ausdrücklich negativen Zeich-
nung der gegenwärtigen gesellschaftlichen Situation, die ein Gegenbild
bereits umrißhaft enthält. Wenn er auch der Meinung ist, daß sich die
Ansicht von der "unmittelbaren Wirksamkeit" der Literatur in unserer
Welt als "eitle Selbstüberhebung" herausgestellt hat *(1970$_1$*, S. 14),
daß auch Literatur "nicht die Gesellschaft ändern kann" *(1970$_2$*, S. 67),
so scheint es ihm doch denkbar, daß durch Literatur in einer Hinsicht
die in der negativ bewerteten gesellschaftlichen Situation sichtbar wer-
denden Formen der Fremdbestimmung des Menschen abgebaut werden: Literatur (in einem weiten Sinne) enthält selbst Informationen über die gesellschaftliche Situation. Humanistische Dichtung der Gegenwart und der
Vergangenheit ermöglicht die Distanz, die Kritik dieser Situation, und
sie ermöglicht damit die Veränderung zumindest der "mentalen Basis". -
Sicher wäre es ebenso naiv, aus einer aus der Dichtung gewonnenen kritischen Einstellung auf die Fähigkeit zum aktiven Sich-Verhalten in der
Gesellschaft zu schließen, wie umgekehrt die Kultivierung einer kritischen Einstellung mit der Unfähigkeit zum Handeln in einen notwendigen
Zusammenhang zu stellen. Problematisch ist an *Geißlers* Begründungsversuch aber, daß er das Verhältnis von Kritik und Handeln gegenüber gesellschaftlichen Zwängen überhaupt nicht reflektiert. Denn es bleibt

damit unausgesprochen und der willkürlichen Entscheidung überlassen, ob
der Literaturunterricht wenigstens partiell bewußt unter das Ziel der
Vermittlung von kritischer Distanz und aktivem Verhalten oder ob er ausschließlich unter das Ziel der Ermöglichung einer zeitlich begrenzten
"inneren" Befreiung von einer drückenden gesellschaftlichen Situation
gestellt werden soll.

In sehr engem systematischen Zusammenhang zu diesem Begründungssatz
Geißlers müssen wir die Ansätze von *Weber*, *Dahrendorf* und *Ivo* sehen,
die von der Analyse des Freizeitverhaltens, von der Analyse des Leseverhaltens und von der Analyse des literarischen Markts ausgehen. Doch
sind die drei Autoren weitaus vorsichtiger bei der Bewertung der Situationen (s.o., S. 41 ff.).

Während sich *Ivo* der Wertung fast durchweg enthält, während *Weber*
mit seiner Funktionsbestimmung des Freizeitlesens (Regeneration, Kompensation, Ideation) offenbar weit mehr noch als *Geißler* das Freizeitverhalten dem Verhalten in anderen "Situationen" entgegensetzt, ist die
Haltung *Dahrendorfs* bei der Bewertung der Ausgangssituation zwiespältig.
Sie bietet am ehesten die Möglichkeit, grundlegende Probleme bei der
Festsetzung und Begründung der obersten Ziele des Literaturunterrichts
zu beleuchten:

Einerseits akzeptiert *Dahrendorf* die These *Webers* (s.a. *Geißler*) von
der Möglichkeit der "Verwirklichung des Menschen in der Freizeit" (*Dahrendorf (1969₁*, S. 265), denn das kompensierende Lesen in der Freizeit
kann zur Aufhebung der Frustration als einer anthropologischen Bedingung
führen. Andererseits arbeitet aber gerade er die negativen Wirkungen
des kompensierenden Freizeitlesens heraus und begründet von hier aus
den Literaturunterricht als einen politischen Unterricht, durch den
über die Reflexion auf Bedingungen, die bei einer unterprivilegierten
Gruppe ein besonderes Bedürfnis zum kompensierenden Lesen hervorgerufen
haben, eine gesellschaftliche Situation verändert werden soll:

"Aber man muß nun erkennen, daß sich die Situation in den Unterschich-
ten verschärft durch zusätzliche soziale Existenzunsicherheit, die das
Verhalten ihrer Menschen stark beeinflußt. Während sich der intellektuell geschulte Mensch der Mittelschicht den prickelnden Genuß verun-
sichernder Lektüre leisten kann, wären Menschen der Unterschicht ihr
ziemlich hilflos ausgeliefert. Sie entwickeln eine stärkere Bereitschaft
zur Übernahme von Gruppennormen, um durch Anpassung das an Sicherheit
zu gewinnen, was sie durch ihren Status an Sicherheit entbehren müssen.
Das Problem ist, daß durch solche Anpassung eine Änderung der Lage zugleich erschwert wird. Hier liegt die Wurzel der politischen Kritik an

den Massen-Unterhaltungsmitteln, die aber oft den sozialen Konflikt
übersieht, aus dem heraus konsumiert wird." (*1970*, S. 47 f.)

Vereinfacht dargestellt ergibt sich folgende Alternative für die Veränderung einer gegebenen Situation:

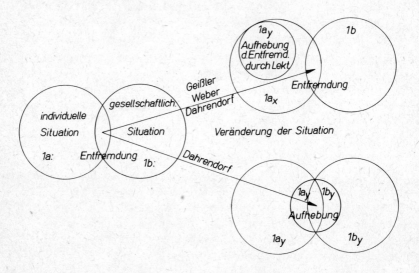

Dahrendorf hat mit seiner Deutung des kompensierenden Lesens auf dem
Hintergrund der schichtspezifischen Lesesituation zugleich die Möglichkeit einer neuen Bewertung der Literatur eröffnet - wenngleich er selbst
den eigenen Ansatz nicht konsequent durchhält (s.u., S. 54 f.) - aber er
hat eine Frage aus seinen Überlegungen ausgeklammert, die sowohl *Geißler*
als auch *Weber* ausdrücklich zu beantworten versuchen, die Frage nämlich
nach der möglichen Begründung eines *Dichtungs*unterrichts. *Dahrendorf*
bleibt bei der negativen Kritik an den bisherigen übertriebenen Vorstellungen, an dem "Katalog schwer beweisbarer Behauptungen" über die Wirkung der Dichtung stehen (1969_1, S. 271). - Von diesem Problem her läßt
sich der Unterschied zu der Position von *Helmers* deutlich machen.

   Wo *Dahrendorf* zu einer sehr vorsichtigen Bewertung kommt, geht *Hel-
mers* von der ausschließlich negativen Bewertung der Lesesituation der
Unterschicht aus. Seine Bewertung macht verständlich, warum der Litera-
turunterricht von ihm primär als Dichtungsunterricht begründet wird.
Daß sich sein direkter Begründungsversuch auf relativ gut abgesicherte
Hypothesen stützt, muß allerdings bezweifelt werden:

"Innerhalb dieses großen Bereiches ästhetischer Literatur erhält die Dichtung didaktisch einen besonderen Platz: einmal, weil vom Zentrum der Dichtung aus kritische Geschmacksbildung betrieben wird, zum anderen, weil von der ästhetischen Struktur der Dichtung her auch die anderen Bereiche der ästhetischen Literatur verstehbar sind" (1970_2, S. 79).

Helmers und *Dahrendorf* begründen den Literaturunterricht in der Schule über ihre unterschiedliche Bewertung einer partiell ähnlich gesehenen Ausgangssituation. Zugleich binden sie ihre Bewertung an eine allgemeine gesellschaftspolitische Leitidee, die Idee der Verwirklichung des Prinzips der Chancengleichheit oder des Abbaus schichtbedingter Bildungsbarrieren. Während aber *Dahrendorf* die Probleme schichtspezifischen Leseverhaltens als gesellschaftspolitische Probleme auf ökonomische Bedingungen abbildet, geht *Helmers* in seiner bildungsgeschichtlichen Diskussion der Problematik schichtspezifischen Leseverhaltens offenbar davon aus, daß die Ungleichheit über eine Schulreform aufzuheben sei, daß etwa die frühe systematische Einführung in die bisher der Unterschicht "vorenthaltene" Literatur Unterprivilegierungen im Bereich der literarischen Erziehung abbauen könnte (1969_1, S. 251, S. 254). Die Möglichkeit einer soziologischen Deutung des kompensierenden Lesens, die Dahrendorf aufgezeigt hat, sieht er nicht.

Dahrendorf und *Helmers* haben ihre Überlegungen ausdrücklich auf aktuelle Probleme der Schulentwicklung (Literaturunterricht in der Gesamtschule) bezogen. Hier zeigt sich am deutlichsten die Relevanz der kontroversen Meinungen. Unterstellt man einmal, daß beide Autoren von den gleichen statistischen Annahmen über das schichtspezifische Leseverhalten (besonders über den Stellenwert der Trivialliteratur) ausgehen[21] und daß sie der Meinung sind, daß die künftige Schule soziale Integration durch den Abbau von Bildungsbarrieren ermöglichen soll, dann hängt es allein von der *Interpretation* und von der begründeten *Bewertung* der Lesesituation (begründet durch: Entstehungsbedingungen für die Situation, funktionale Zusammenhänge, politische Konsequenzen eines bestimmten Leseverhaltens, literar-ästhetische Bewertung der Lektüre, Funktion der ästhetischen Erziehung, Funktion der Ausgangslektüre für den Aufbau einer Lesemotivation usw.) ab, welches Modell für den Literaturunterricht akzeptiert wird.

Vereinfacht dargestellt ergibt sich folgende Alternative:

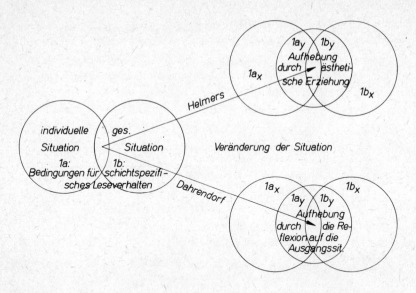

Während *Geißler, Weber, Dahrendorf* und *Helmers* ihre Reflexion auf die
aktuelle gesellschaftliche Situation durchgängig mit der Frage nach der
individuellen "Selbstverwirklichung" verbinden, ist ein Begründungsan-
satz von *Baumgärtner* - er läßt sich durch das Stichwort "Ausschöpfung
der Begabungsreserven" kennzeichnen - einseitig bezogen auf die Frage
nach den Bedingungen des gesellschaftlich-technischen Fortschritts
$(1969_1$, S. 14). - Keiner der bisher erwähnten Autoren könnte höchst-
wahrscheinlich mit einer so weitreichenden Uminterpretation der Aufgaben des Literaturunterrichts übereinstimmen:

"Ist - wie eingangs gesagt - der Fortbestand einer zivilisierten Gesellschaft ohne Literatur auch schwer denkbar (jedenfalls für uns), möglich
ist er gewiß. Was heute noch literarische Erziehung ist, könnte in nicht
allzu ferner Zeit schon Anweisung zum Gebrauch von Nachschlagewerken,
Tabellensammlungen, Lehrprogrammen oder irgendwelchen jetzt noch nicht
vorauszusehenden Nachfolgern des Buches sein" $(1970_1$, S. 26).

Baumgärtner interessiert hier primär weder die schichtspezifische Lesesituation noch die Situation des literarischen Marktes, ihn interessiert
ein Bedürfnis, das der von ihm positiv bewertete gesellschaftlich-techni-
sche Fortschritt mit sich gebracht hat. Die Leseerziehung hat deswegen
eine besondere Aufgabe in der Schule, weil sich über sie eine intensive
sprachliche Förderung betreiben läßt, die wiederum eine Bedingung der
Möglichkeit der Ausschöpfung der Begabungsreserven ist *(1968*, S. 22 ff.).

Leseerziehung kann auch dazu beitragen, das in unseren modernen Berufen
notwendige ständige Umlernen zu erleichtern (*1968*, S. 24). - *Baumgärtner*
hat diese einseitige, rein pragmatische Begründung des Literaturunterrichts nicht durchgehalten. Auch bei ihm finden sich zahlreiche Aussagen
über die politische Funktion der Literatur für den Demokratisierungs-
prozeß und über die Funktion der Dichtung als "Spiel".

c) Schwerpunkte des Literaturunterrichts

In die verschiedenen allgemeinen Begründungsansätze sind implizit bereits einige Forderungen für neue Schwerpunktbildungen im künftigen Literaturunterricht eingegangen. Über die systematische Explikation der
neuen Schwerpunkte nun lassen sich die Begründung und Formulierung allgemeiner Lernziele für den Literaturunterricht weiterentwickeln.

Orientieren wir uns zuvor noch einmal rückblickend an dem groben In-
terpretationsschema (s.o., S. 10 ff.): Über die Beschreibung, Interpretation und Bewertung einer individuellen und allgemein-gesellschaftli-
chen Situation (Lesesituation, Situation des literarischen Marktes u.a.)
und über die Angabe einer Richtung für die Veränderung dieser Situation
läßt sich ein Lernbereich "Literaturunterricht" und - zumindest implizit - das oberste Ziel dieses Lernbereichs begründen. Doch erscheint
dieses Ziel noch sehr unbestimmt: Die Inhalte des Unterrichts sind bisher vage mit den Ausdrücken "Dichtung", "Literatur", "ästhetischer Literatur", das Verhalten mit den Ausdrücken "lesen", "umgehen mit" u.ä.
bestimmt. Als Adressaten werden "Angehörige verschiedener sozialer
Schichten" (gleich welchen Alters), als Weg für die Veränderung der
Ausgangssituation wird nur eine allgemeine Schulformentscheidung (Gesamtschule) genannt.

Die Unbestimmtheiten lassen sich wenigstens teilweise durch eine Diskussion der didaktischen Literatur beheben. Dabei bietet es sich an, die Diskussion auf Schwerpunkte zu konzentrieren und jeweils einem besonders geeigneten Lernzielaspekt zuzuordnen, ohne dabei den Gesamtzusammenhang zu verlieren:

1. *Literatur* und Ziele des Literaturunterrichts (Inhalte),
2. *Umgang mit Literatur* und Ziele des Literaturunterrichts (Verhalten),
3. *Interesse an der Literatur* und Ziele des Literaturunterrichts (Adressaten),
4. *Organisationsformen* und Ziele *des Literaturunterrichts* (Wege).

1. Literatur und Ziele des Literaturunterrichts (Inhalte)

Die Diskussion um den Literaturunterricht in den letzten Jahren: der Zweifel an den selbstverständlichen positiven Wirkungen des Umgangs mit Dichtung, die Einsicht, daß jede Abgrenzung der Dichtung gegenüber der übrigen Literatur nur eine Abgrenzung unter bestimmten Gesichtspunkten sein kann, der Zweifel an der Allgemeingültigkeit (Klassizität) bestimmter Dichtungen, der Zweifel an der Gültigkeit literarischer Werturteile überhaupt, schließlich die Kritik gegenüber der Forderung nach Bewahrung der literarischen Tradition haben fast durchweg die Übernahme eines weiten Begriffs der Literatur für den Literaturunterricht zur Folge gehabt (s. *J. Gidion 1970*, S. 472 ff.). Das führt zu neuen Möglichkeiten, aber auch zu neuen Schwierigkeiten bei der Aufgabenbestimmung des Literaturunterrichts: Einerseits ist die Erweiterung des unterrichtlichen Aufgabenbereichs begrüßenswert, andererseits meinen verschiedene Autoren mit dem gleichen Ausdruck "Literaturunterricht" oft kaum Vergleichbares mehr. Schließlich werden auch die Grenzen der herkömmlichen Fachdidaktik deutlich, weil sich die Aufgaben für den Literaturunterricht nur noch über die Aufgabenverteilung auf dem Gesamtlehrplan gegen die Aufgaben anderer "Fächer" abgrenzen lassen.

Die Diskussion um einen für den Literaturunterricht relevanten Literaturbegriff wurde - mit der allgemeineren Frage nach dem literarischen Kanon verknüpft - bereits weitgehend im Zusammenhang der Lesebuch- und Lehrplananalysen für den Literaturunterricht geführt (s.o., S. 28 ff. und *Herrlitz 1964*). Die Ergebnisse der Diskussion sind daher teilweise aus neuen Lesebuchkonzeptionen ablesbar.

Interpretiert man die Frage nach den Inhalten des Literaturunterrichts - wie das lange Zeit geschehen ist - lediglich als Frage nach
dem literarischen Kanon, dann wird man auf den ersten Blick einen Konsens in der didaktischen Diskussion feststellen: Die Konzentration des
Unterrichts auf die von der traditionellen Literaturkritik (Literatur-
geschichtsschreibung) anerkannten Werke der Dichtung wird sehr häufig
nicht mehr gefordert, die moderne Literatur erhält eine bedeutsame Rolle
im Unterricht. Der Begriff der Literatur selbst weist mindestens nach
zwei Seiten über den Begriff der Dichtung hinaus, einmal bezieht er
sich auf Texte, durch die der Mensch in seinem Konsumverhalten und in
seinem politischen Verhalten direkt beeinflußt wird (Werbetexte, Zeitung u.ä.), dann auch auf Texte, die vorwiegend das Leseverhalten in
der Freizeit bestimmen (Comics, Kriminalgeschichten, Zeitschriften,
Kinder- und Jugendbücher u.ä.). Schließlich werden Grenzformen der
Literatur in den Unterricht einbezogen (Hörspiel, Film, Fernsehspiel)
über die Reflexion auf moderne Medien.

Wendet man sich aber den Begründungen für die Auswahl der Inhalte
und den Bewertungen der Inhalte zu, dann läßt sich das relativ einheit-
liche Bild als Schein entlarven. Zugleich wird deutlich, daß die isolierte Frage nach dem literarischen Kanon, daß einfache Titelsammlun-
gen und Sammlungen von Themen für die Gruppierung von Texten (noch *1969:
Rebel*) beim heutigen Stand der didaktischen Diskussion überhaupt ver-
fehlt sind, weil sich ja die Annahme, daß sich aus ausgewählten Texten
die Ziele des Unterrichts ableiten ließen, als falsch herausgestellt
hat. - Die neueste Lesebuchkritik ist entsprechend differenzierter (bes.
Wenzel 1970). Zwar werden auch in ihr nach einer Sichtung der Texte zunächst Hypothesen über implizierte Ziele des Literaturunterrichts aufge-
stellt, doch kann erst die Analyse der Formulierungen in den Handreichungen für Lehrer die Hypothesen stützen, falsifizieren und differenzieren.

Wo sich Autoren darin einig sind, daß der Literaturbegriff für den
Literaturunterricht erweitert werden muß, rechtfertigen sie diese Erweiterung häufig durch die Anknüpfung an oberste Zielformulierungen,
deren Berechtigung sie teilweise in ihren allgemeinen Begründungen des
Lernbereichs "Literaturunterricht" nachzuweisen versuchen: Die Erweiterung erweist sich als notwendig, wenn es ein Ziel ist, Anschluß zu finden an das "literarische Leben" (*Ivo*, auch: *Baumgärtner*), teilzunehmen
am "literarischen Gespräch" (*Helmers*), den Unterricht mit dem am "lite-

rarischen Markt" orientierten tatsächlichen Leseverhalten zu vermitteln
(*Ivo, Dahrendorf, Weber*) bzw. auf die "literarische Situation der Schüler" zu beziehen (*Doderer 1970*, S. 32), wenn die "Herausbildung einer
Zeitgenossenschaft", die "Weltorientierung - soweit das mit Mitteln der
Literatur geschehen kann" *(Geißler)* angestrebt ist. Diese Zielvorstellungen sind bezogen auf die Leitidee des "kritischen Literaturverhal-
tens", des "literarisch gebildeten Menschen", der "Lesemündigkeit"
(ein Ausdruck, den vor allem *Dahrendorf, Weber* im Anschluß an *Maier 1965*
verwenden - *1963* verwendet ihn bereits *Doderer*). - Mit welch unterschiedlichen spezifischen Bedeutungen die ähnlich erscheinenden allgemeinen
Formulierungen aber gefüllt werden, kann erst die Auseinandersetzung
mit spezielleren Problemen des Literaturunterrichts zeigen (s.a. *Gerth
1971*, S. 455 ff.).

Die Erörterung zweier Problemkreise, die Frage nach der Unterscheidung von *wertvoller* und *minderwertiger* Literatur und die Frage nach der
Rolle der literarischen *Tradition* im Unterricht, läßt kontroverse Ansichten deutlich werden.

"Der exemplarische Charakter des Angebots sollte über das bisher Übliche
hinausgehen und *alle* literarischen Schichten einbegreifen, so daß das
Lesebuch ein tatsächliches Abbild des literarischen Markts im kleinen
darstellt" (*Dahrendorf 1970*, S. 41).

"Ein erster Schritt wäre die wertfreie Betrachtung jeglicher Literatur,
da eine Abwertung von schichtspezifischen Literaturen eine Diskriminie-
rung ihrer Leser bedeutet, die Bestätigung von "höherwertiger" bei bes-
sergestellten Kindern auf Kosten der benachteiligten eine soziale Schichtung fixiert..." (*Dahrendorf 1969$_2$*, S. 20).

Nimmt man die beiden Zitate zusammen, dann kann man leicht den Anschein
erwecken, daß *Dahrendorf* auf die *wertende* Unterscheidung der Literatur
überhaupt verzichten will, daß Werturteile also weder den Anteil der jeweiligen Literatur im Unterricht noch die Behandlung selbst bestimmen
sollen, daß das Angebot im Unterricht allein am Ausgangs-Leseverhalten
orientiert sein soll. - Dieses Urteil über *Dahrendorf* wäre einseitig,
denn auch er spricht weiterhin von "höherer" und "niedriger" Literatur
oder - etwas abgeschwächt - von "anspruchsvoller" und "weniger anspruchsvoller" Literatur, wenn er gesellschaftliche und literarische Schichten
in Beziehung setzt. *1966* konzidiert er,

"daß - wenigstens der Möglichkeit nach - das ästhetische Erlebnis um so
einschneidender und umfassender ist, je höher die Dichtung steht"
(S. 322).

Vor allem versucht er aber, von der möglichen politischen Funktion bestimmter Literatur auf bestimmte Lesergruppen her ihren Wert zu bestimmen (s.o., S. 47 f.) (s.a. *1969₃*). Der Rückgriff auf die vorangehende Diskussion und der Vergleich mit gegenwärtigen kontroversen Ansichten macht
vielleicht am ehesten seine in diesem Punkt allerdings wenig konsequen-
te Einstellung verständlich:

Dahrendorf setzt sich mit seiner Abneigung gegen wertende Zugänge
zur Literatur ab gegen Meinungen, die vor allem in der Diskussion um
die "Kitsch"-, "Schund"- und "Schmutzliteratur" bzw. um die "untere
Grenze" der Literatur und um die Möglichkeiten des "Emporlesens" vertreten wurden, die eine Zeitlang im engen Zusammenhang mit der Diskussion um das "Gesetz über die Verbreitung jugendgefährender Schriften" (Fassungen *1953* und *1961*) geführt wurde und die gegenwärtig mit
der Debatte um die Freigabe der Pornographie (s. § 184 des Strafge-
setzbuchs) wieder aufgelebt ist. - Schon sehr früh, als sich die "groß-
zügige" Handhabung des Gesetzes abzeichnet, werden die ersten Vorschläge vorgebracht, auch die eindeutig negativ zu bewertende Literatur in
den Unterricht hineinzunehmen *(Rombach 1954/55, Bauer 1957, Ulshöfer*
1961, Beer 1963 u.a.). Dahinter steht die Auffassung, daß es zwar notwendig ist, im Unterricht an der Lesemotivation der Schüler anzuknüpfen
(Ulshöfer), daß aber zugleich durch die negative Kennzeichnung der Literatur oder durch den Versuch, diese Literatur vor den Schülern lächer-
lich zu machen, eine Gegenwirkung versucht werden müsse. - Alle Autoren
kennen noch nicht den Zweifel an dem eigenen literarischen Werturteil,
und sie berücksichtigen nicht die sozialen Hintergründe für das negativ
bewertete Leseverhalten.

Von *Dahrendorf* lassen sich die Auswahlprobleme für den Literaturunterricht offenbar relativ einfach lösen, denn er sieht als Unterrichts-
ziel - jedenfalls nicht ausdrücklich - nicht die Umstellung auf "wert-
vollere" Textarten vor, die außerhalb des Unterrichts bisher nicht ge-
lesen wurden. - Hier unterscheidet sich *Dahrendorf* wesentlich auch von
Helmers und *Geißler*, die beide - da sie an der Notwendigkeit der vorgängigen Bewertung von Texten festhalten und da sie der Dichtung eine
besondere Aufgabe zumessen - das Textangebot im Unterrichts nicht als
ein einfach reduziertes Textangebot auf dem Markt auffassen. Während
aber *Helmers* den Bereich der "literarästhetischen" Formen (strukturiert
nach poetischen Vorformen, Dichtungsgattungen und -arten, Dichtungs-

epochen) zum Zentrum der Auswahl macht und die Auswahl spezieller Texte am jeweiligen Anteil am "literarischen Gespräch der Gegenwart" (literarisches Angebot und Kritik) orientiert (1970_1, S. 78 ff.), hebt *Geißler* vor allem den möglichen gesellschaftskritischen Wert (in einem sehr weiten Sinne) der Lektüre von Dichtung im Unterricht heraus und begründet von hier aus die Auswahl der Texte (1970_1, S. 84). *Geißler* betont immer wieder, daß die Diskrepanz zwischen Freizeitlektüre und Schullektüre nicht kurzschlüssig durch einseitige Anpassung überbrückt werden darf. Wo die Schule der Beeinflussung der Privatlektüre dient, hat sie zu versuchen,

"die Wirkung billiger Spannungen und Reize abzubauen und einen kritischen Umgang mit den jeweils modischen Trivialtexten - seien es nun Comics, Heimat-, Wildwest- oder Kriminalromane der billigsten Sorte - einzuüben" *(1970_2, S. 69)*.

Die Meinungen der Autoren zur Lösung der Auswahlprobleme im Zusammenhang mit der Bewertung von Texten bleiben unbefriedigend und unvermittelt. Wo man sich auf literarische Schichtungsmodelle bezieht, da neigt man entweder dazu, auf literarästhetische Wertungen zu verzichten, oder die einzelnen Schichten undifferenziert zu bewerten("niedrige", "hohe" Literatur) und damit die herkömmlichen Bewertungsmaßstäbe zu reproduzieren. - Wie sich literatursoziologische und literarästhetische Überlegungen differenzieren lassen, zeigt eine Reflexion *Escarpits* über den Zusammenhang von sozialen Aufstiegsbewegungen und Erneuerungen im Bereich der Literatur, die wir gängigen Pauschalurteilen über Comics ("Sprachverstümmelung", "Infantilismus", "Brutalität") entgegensetzen können:

"Erst jüngst hat der Kriminalroman eine ähnliche Wandlung durchgemacht. Die Vermutung ist nicht unbegründet, daß eines Tages auch die Comic Strips, heute noch nicht ernst genommen, ja abschätzig beurteilt, zur Würde einer künstlerischen Ausdrucksform gelangen könnten, sobald nämlich jene Schichten, deren regelmäßige Lektüre sie bilden, das intellektuelle wie materielle Vermögen besitzen, sich über sie ein ästhetisches Urteil zu bilden, diesem Urteil Gehör zu verschaffen und im literarischen Konzert mitzuwirken" *(1967*, S. 42).

Bei der Frage nach dem Verhältnis von *moderner* und *traditioneller* Literatur im Unterricht ergeben sich ähnlich kontroverse Positionen. Zwar wird augenblicklich durchweg gefordert, daß die moderne Literatur im Unterricht ein besonderes Gewicht haben sollte, da über sie das Verständnis der Gegenwart erleichtert (*Ivo 1964*, S. 12, *Baumgärtner 1969_2*, S.

21, *Geißler 1970₂*, S. 66), da über sie die Teilnahme am "literarischen
Gespräch" (*Helmers 1969₁*, S. 9) möglich werden kann, aber die Argumente
zur Bestimmung der Funktion der literarischen Tradition in der Schule wei-
chen besonders voneinander ab; zwar kommt in neueren Überlegungen die
scheinbar selbstverständliche Lösung der Auswahlprobleme durch Urteile
wie "allgemeingültig" oder "klassisch" kaum mehr vor. Stattdessen sind
ausdrücklicher die Aktualitätsbezüge auch der älteren Literatur betont.
Für den Unterricht auszuwählen sind solche Texte, die "etwas hergeben
zum Verständnis der gegenwärtigen Situation" (*Geißler 1970₂*, S. 67).
Aber hinter einer entsprechend allgemeinen Formulierung können sich
sehr unterschiedliche Auffassungen über den Begriff der Aktualität und
damit über den Anteil und über die mögliche Funktion älterer Literatur
für die Gegenwart verbergen. Die Spannweite von positiven und negativen
Urteilen läßt sich am ehesten durch die Gegenüberstellung der Positionen
Geißlers und *Grünwaldts* zeigen:

Für *Geißler*, der in seinen "Prolegomena" von einer kritischen Diskussion der Verstehenstheorie *Diltheys* ausgeht, sind "Geschichtlichkeit"
und "historische Dimension" zentrale Kategorien. Die Literatur der Vergangenheit erhält von hier aus ihre ausgezeichnete Position. *Geißler*
sieht gerade in der Geschichte die "kritische Basis" gegen die Auslieferung an gegenwärtige Zwänge. Die Auseinandersetzung mit der Geschichte
erleichtert danach das Begreifen der Gegenwart und ermöglicht mit der
Erweiterung des Verstehenshorizontes das Überschreiten der Gegenwart,
das Durchbrechen gegenwärtiger Normen (*1970₁*, S. 85 f.). Während *Geißler*
vom "humanen Charakter" (S. 78) der Literatur der Vergangenheit her indirekt die Lösung von Gegenwartsproblemen erwartet, bestreitet *Grünwaldt*,
der seine eigene Position als dezidiert politisch interpretiert, ausdrücklich die politisch-gesellschaftliche Relevanz der Literatur der
Vergangenheit für die Gegenwart:

"Die Auseinandersetzung mit Dichtung ist besonders dann völlig überflüssig, wenn es sich um veraltete Dichtung handelt, d.h. um Dichtung, die
schon vor mehreren Jahrhunderten entstanden ist. Herrschaftswissen ("Informationen") enthält sie meist nicht, weil sie für historische und soziale Situation geschrieben wurde, die es nicht mehr gibt" (*1970₁*,
S. 183).

Die pragmatische Rechtfertigung für die Beschäftigung mit Literatur der
Vergangenheit, die nach *Grünwaldt* schließlich doch noch gelten könnte,
ist ganz sicher ebenso umständlich wie überflüssig:

"Sie müssen sie vielmehr als ideologische Leichen betrachten, an denen
die Schüler das Sezieren, d.h. Analysieren von Literatur lernen, damit
sie, wenn sie lebendigen literarischen Werken gegenüberstehen, zu erkennen vermögen, ob und wie ihnen diese schaden oder nützen können"
(1970_2, S. 31).

2. Umgang mit Literatur und Ziele des Literaturunterrichts (Verhalten)

Die Sichtung der Zielformulierungen in den Lehrplänen und in den Lehr-
hilfen zur Verwendung des Unterrichtsmaterials ermöglicht kaum, das mit
dem allgemeinen Ausdruck "Umgang mit Literatur" gemeinte Verhalten
näher zu bestimmen: Die Beschreibung des Schülerverhaltens erfolgt auf
einer allgemeinen Ebene mit sehr unbestimmten verbalen Ausdrücken: Der
Schüler soll die Literatur "erschließen", "untersuchen", "erfassen",
"verstehen", "erleben", sich in sie "einfühlen", "ahnungsweise erfassen", "bildhaft begreifen", "nachvollziehen", "bewerten", "kritisch
lesen", "selbständig lesen", selbst "erfinden", "erdenken", "ersinnen".
Auch die Beschreibung des Lehrerverhaltens, das eine Verhaltensände-
rung beim Schüler herbeiführen soll, gibt nicht mehr her: Der Lehrer
soll dem Schüler die Literatur als "Ganzes" oder in einzelnen "Zügen"
"vor Augen stellen", "den Blick öffnen" für Literatur, "Verständnis für
tieferes Empfinden schärfen", "vertraut machen" mit Literatur.
Immerhin, wir können hinter den vagen Ausdrücken die vier für den Umgang mit Literatur relevanten Verhaltensklassen identifizieren, die auch
in der neuesten didaktischen Literatur gewöhnlich mit den Ausdrücken
erleben, verstehen, werten und *gestalten* bezeichnet werden. - Die Distanzierung von früheren pädagogischen Theorien, die sich noch in den
allgemeinen Lehrplanformulierungen niederschlagen, hat aber zu einer
besonderen Gewichtung der Verhaltensklassen in der neuesten didaktischen
Literatur geführt: Einige Autoren sind besonders zurückhaltend gegenüber
dem Erlebnisbegriff in der Pädagogik (*Geißler* gegen *Dahrendorf*). Andere
Autoren lehnen das wertende Verhalten im Unterricht ab *(Dahrendorf)*.
Möglichkeiten der Übung freien und gebundenen Gestaltens werden von Autoren, die sich gegen die herrschenden Theorien des Literaturunterrichts
(*Essen, Helmers, Ulshöfer*) wenden, nicht mehr erwähnt. Ganz eindeutig
liegt der intendierte Schwerpunkt auf einem Schülerverhalten, das mit
Ausdrücken wie "distanzierendes Verstehen", "kritische Distanz" u.ä.
gekennzeichnet wird. - Schon seit einiger Zeit zeichnet sich auch die
Tendenz ab, von diesem Punkt aus allgemeinere fachdidaktische Probleme

zu entwickeln, die besonders geeignet sind, das Verhältnis von Literaturdidaktik und Literaturwissenschaft etwas intensiver zu beleuchten (s.o., S. 33 ff.). Bei der Kennzeichnung der Verhaltensformen des Erlebens, Wertens und Gestaltens könnte die gegenwärtige Literaturwissenschaft auch kaum weiterhelfen.

"Als erstes dürfte im Unterricht keiner Schulart davon abgesehen werden, wenigstens im Ansatz eine Systematisierung der Phänomene zu erreichen, also eine Einsicht in die elementaren literarischen Formen und in jene Strukturzusammenhänge zu vermitteln, die mit dem Begriff der Gattungen gefaßt werden. Zum andern sind bestimmte Aspekte des Verhältnisses von Literatur zu außerliterarischen Erscheinungen in das Blickfeld des jungen Menschen zu rücken ... Diese Aufgabe einer elementaren Theoriebildung ist von der Didaktik und Methodik des Literaturunterrichts selten in angemessener Weise berücksichtigt worden ... Selbstverständlich ist auch im Rahmen der literarischen Erziehung die Gewinnung von theoretischen Einsichten kein Selbstzweck... Das bedeutet in unserem Zusammenhang, daß vor dem Hintergrund eines aus Einzelbetrachtungen gewonnenen Wissens um weiterreichende literarische Zusammenhänge mit einer besseren Erfassung von Einzeltexten mindestens gerechnet werden darf (*Baumgärtner 1969_2*, S. 12 f.).

Allen Autoren, die ähnlich wie *Baumgärtner* argumentieren oder die implizit von ähnlichen Zielsetzungen ausgehen, dient das "systematische" Umgehen mit Literatur im Unterricht dem Aufbau elementarer wissenschaftlicher Begriffe bzw. dem Aufbau einer elementaren Poetik, gleich welche Auffassung von Literatur hinter der jeweiligen Argumentation steht, ob es nun eine Auffassung ist, der mehr Formen der "immanenten" Interpretation entsprechen (*J. Bauer, Gerth, Helmers, Binneberg/Menzel*) oder eine Auffassung, die mit der Anwendung soziologischer Interpretationsformen gekoppelt ist (*Ivo, Dahrendorf, Hebel, Hoffmann, Ide*).

Es scheint ein kurzer Rückblick angebracht, der zeigen kann, wie sich bei aller Einigkeit in der Tendenz, durch die Elementarisierung der Literatur bzw. literarischer Verhältnisse die Formen des Umgangs mit Literatur zu präzisieren - die Autoren nehmen damit die Hauptintention der Bildungstheorie der kategorialen Bildung auf - zugleich gegensätzliche Positionen der Literaturdidaktik fixieren lassen.

Beinlich hat erstmals zusammenhängende Überlegungen zu der Frage vorgeführt, inwiefern die literarische Erziehung aufzufassen ist als ein Prozeß der fortschreitenden Differenzierung der Verstehens- und Erlebensmöglichkeiten, als ein Prozeß, der abzubilden ist auf ein allgemeines Modell des literarischen Kunstwerks (*Ingarden*), dessen "Schichten"

unterschiedliche Grade der Komplexheit von Sprachwerken spiegeln. Indem *Beinlich* fordert, den Aufbau des Literaturunterrichts über die verschiedenen Altersstufen hinweg an diesem theoretischen Modell zu orientieren, stellt er den Unterricht unter das Ziel der Entwicklung einer
(impliziten) elementaren Poetik.

Vor allem bei der Diskussion um Möglichkeit der Besprechung moderner
Literatur, speziell moderner Lyrik im Unterricht sind neue Gedanken zur
"Elementarisierung" oder auch zur "kategorialen Reduktion" *(Pielow)* der
Literatur besonders von *Helmers (1963)* entwickelt, von *Gerth (1967)*,
Pielow (1965) und *Kern (1967)* aufgenommen und weitergeführt. Doch verhindert bei ihnen die Trennung von Sachanalyse und didaktischer Analyse,
die Annahme, daß sich "die Frage nach dem Bildungswert der in diesen
Kategorien erfaßten modernen Lyrik" nachträglich "vom Bildungsauftrag
der Schule aus" *(Helmers 1967,* S. 87) beantworten läßt, die kritische
Reflexion auf die Bedingungen für die Gewinnung der verschiedenen Kategorien (s.o., S. 35: *Helmers:* 1. Fragehaltung, 2. Wirklichkeitsnähe,
3. schlichtes Sagen, 4. neue Bildlichkeit - *Kern:* Erweiterung durch
5. Gleichzeitigkeit - *Pielow:* 3 Schichten: 1. Spieltext, 2. schlichtes
Sagen, 3. symbolisch komprimiertes Sagen.

Ausgangspunkt und Zentrum der Modelle von *Binneberg, Menzel* u.a. ist
nicht die "Eigengesetzlichkeit" der Literatur, sondern ausdrücklich
der "didaktisch bedeutungsvolle Gesichtspunkt" *(Binneberg,* S. 11), unter dem eine Sache (Text) betrachtet werden soll. Jeder der möglichen
Gesichtspunkte - das zeigen die einzelnen Modelle dieser "Elementarlehre"
der Lyrik - rückt zugleich ein poetologisches Problem in den Mittelpunkt
(etwa: Bild und Metapher, Elemente des Balladesken, Rhythmus, Genese
eines Gedichts, Lüge im politischen Gedicht). Umgang mit Literatur richtet sich für die Autoren auf das Ziel der Vermittlung der "grundlegenden Prinzipien einer Elementarlehre der lyrischen Poesie" *(Binneberg,*
S. 14). Dazu dienen verschiedene vom Text distanzierende Verfahren (Nach-
zeichnen, Entwickeln einer biographischen oder historischen Situation,
Entwickeln und Anwenden analytischer Begriffe: Reim, Rhythmus usw.).
Der Begriff der Literatur wird allerdings auch von diesen Autoren kaum
erweitert.

Bei *Baumgärtner* sind die Möglichkeiten der Elementarisierung der Literatur nicht durch einen engen, nur durch die Einbeziehung biographi-
scher und historischer Gesichtspunkte leicht (so: *Binneberg/Menzel)* er-

weiterten Begriff der literarischen Interpretation eingeschränkt (s. Zitat). Doch verweist seine Unterscheidung von "literarisch" und "außerliterarisch" darauf, daß auch für ihn im Zentrum ein engerer Literaturbegriff steht.

Ivo konzentriert seine Vorschläge zu Fragen des Umgangs mit Literatur im Unterricht auf die Analyse des Verhältnisses von Text und Leser. Mit der von ihm bevorzugten Elementarisierungsrichtung für den Unterricht ist der extremste Gegenpol zu Elementarisierungen im Rahmen der immanenten Interpretation bezeichnet.

Daß insgesamt Formen der *Analyse* der Literatur in der gegenwärtigen Diskussion so stark gewichtet werden, ist als Reaktion verständlich. Man würde allerdings die Forderung nach Wissenschaftlichkeit des Unterrichts zu eng auslegen, wollte man von da her die einseitige Orientierung der Methoden des Literaturunterrichts an den Methoden der Literaturwissenschaft begründen. Aus der Tatsache, daß es augenblicklich kein spezifisches Interesse, schon gar nicht spezifische Antworten auf die Frage nach elementaren Theorien des literarischen *Erlebens*, *Gestaltens* und *Wertens* gibt, kann man noch nicht folgern, daß ein entsprechender elementarer Unterricht überflüssig oder unmöglich ist. Schließlich würden so Verhaltensformen aus dem Unterricht ausgeklammert, die gewöhnlich mit dem Begriff der Kreativität verbunden werden, der in modernen Lerntheorien und Lehrplantheorien überall dort eine besondere Bedeutung hat, wo die Erziehung zur Emanzipation als Leitidee formuliert wird.

Diese Gefahr der Verkürzung der Möglichkeiten und der Verfehlung der Wirksamkeit des Literaturunterrichts scheint mir auch in der Theorie *Geißlers (1970)* gegeben. Zwar geht auch *Geißler* von der Differenz zwischen dem Rationalen und Irrationalen im Verstehensvorgang aus. Aber für den Unterricht, der "sich nicht nur an literarisch Disponierte und musisch Sensible" wenden will, gilt: Vermittelbar im Unterricht ist, "was rational ist". "Vermittlung zielt auf Erkenntnis." - Nur wenn sich die auf eine allgemeine Verstehenstheorie zurückführbare Annahme Geißlers, daß die "irrationale Unmittelbarkeit" zu einem Text bei der Analyse bereits vorausgesetzt werden kann, in jeder Unterrichtssituation bestätigen ließe, könnten Formen der Rationalisierung von Texten allein den Unterricht bestimmen. Wie läßt sich aber zu einem bestimmten Zeitpunkt, wenn der Lehrer mit der Behandlung eines Textes beginnen will, etwas Sicheres über das Ausgangsverhältnis der Schüler zum Text sagen? Es ist die Frage, ob man nicht gerade dann, wenn man - wie Geißler sagt - "gleiche Zugangschancen" für alle Schüler sichern will, im Unterricht ganz verschiedene Verfahren anwenden und anwenden lassen muß, um erst einmal ein Verhältnis zum Text aufzubauen, das bei einer Analyse bereits vorausgesetzt ist (1970_1, S. 92 f.).

3. Interesse an der Literatur und Ziele des Literaturunterrichts
   (Adressaten)

Seitdem man sich nicht mehr auf feste Stufen- oder Phasenschemata der Entwicklung von Leseneigungen und -leistungen berufen kann, seit der Erweiterung der Kenntnisse über die sozialen Bedingungen und über die Funktion des literarischen Angebots auf dem Markt für die literarische Entwicklung, fällt es besonders schwer, Gesamtplanungen des Literaturunterrichts mit Annahmen über Leseinteressen abzustimmen.

Wo in modernen entwicklungspsychologischen Überlegungen der Lernprozeß formal als ein Prozeß der Differenzierung und Zentralisation gekennzeichnet wird (s. *Oerter 1969*), bleiben verschiedene Möglichkeiten für die inhaltliche Füllung der allgemeinen Theorie, je nachdem, ob die didaktischen Überlegungen mehr bei den aktuellen sozial und genetisch bedingten Ausgangsverhalten ansetzen und dabei die Entstehungsbedingungen der jeweiligen gesellschaftlichen Situation wertend reflektieren oder ob es in ihnen mehr darum geht, ein allgemeines Modell zu entwickeln, an dem man demonstrieren kann, wie sich literarische Interessen unter "idealen" Bedingungen wecken und differenzieren lassen.

Die Autoren, die sich wie *Beinlich* auf ein Modell des literarischen Werks oder der literarischen Formen beziehen, haben meist insofern bereits eine Zielentscheidung getroffen, als sie den Eigenwert der ästhetischen Erziehung entschieden voraussetzen. Sie gehen von der Hypothese aus, daß sich das Interesse für Literatur anregen und differenzieren läßt durch das fortschreitende Angebot von einfachen zu komplexeren literar-ästhetischen Werken. Da die Autoren wissen, daß ihre Konstruktion der literarischen Entwicklung sich mit statistischen Daten nicht stützen läßt, da sie in unterschiedlichen Sozialisationsbedingungen die Ursachen für die verschiedenen Leseinteressen erkennen, entwerfen sie Konzepte für einen konsequenten Aufbau des Unterrichts, der möglichst früh den Ausgleich der Anfangsbedingungen herbeiführen soll (s. *Helmers*). - Bei der Gesamtplanung des Unterrichts nach einem literaturtheoretischen Modell werden leicht die Formalstrukturen der Literatur überbetont. Wenn man stattdessen das Fortschreiten des Interesses vom Einfachen zum Komplexeren zugleich als Erweiterung des "Erfahrungshorizontes" sieht, dann bleiben die sozialen Bedingungen der Erweiterung der Leseinteressen immer mit im Blick (s. *Dahrendorf*).

Augenblicklich werden vor allem die propädeutische Funktion der Beschäftigung mit *Sprachspielereien* und mit dem *Bilderbuch* für die Entwicklung bleibender Leseinteressen herausgehoben.

Besonders anregend auf die didaktische Diskussion hat der Versuch gewirkt, identische strukturelle Merkmale der *modernen Lyrik* und der *Kinderpoesie* herauszustellen *(Lorbe 1954)*. Eine Konsequenz aus den Überlegungen ist die Auswertung der modernen Nonsens-Lyrik *(Arp, Morgenstern, Ball* u.a.) für den Unterricht. - Am wichtigsten in diesem Zusammenhang sind die *1965* von *Helmers* vorgelegten Ergebnisse einer Untersuchung über "Sprache und Humor des Kindes", in denen er strukturelle Bedingungen des kindlichen Humors aus seinen sprachlichen Erscheinungsformen (bes. Witz) herausarbeitet und elementarisiert (Schicht der Laute - Schicht der Worte - Schicht des Satzes - Schicht der übersatzmäßigen Figuren). Doch zeigt sich bei der Interpretation der Erscheinungsformen des kindlichen Humors ein typischer Mangel:

"Das Weltgefühl des Humors beim Kinde umfaßt die Heiterkeit angesichts und angehörs einer geordnet geglaubten Welt, wie wir sie am Beispiel der muttersprachlichen Ordnung vorzuzeigen bemüht waren. Humor des Kindes heißt also: Gefühl des Geborgenseins und der Sicherheit inmitten einer kleinen, überschauten Welt der Familie, des Heimatortes, später auch der Schule - heiteres Dahinleben inmitten solcher Geborgenheit - Offensein gegenüber dem Zukommenden, dessen Einstrukturierung zuversichtlich und optimistisch erwartet wird - freudiges Sich-Bestätigen der eigenen Welt" (S. 131 f., nicht mehr in der Neuauflage [2]1972).

Helmers selbst hat in einem Aufsatz *(1966)* seine Theorie des kindlichen Humors ansatzweise auf den Unterricht angewendet. Dabei zeigt sich, daß die romantische Interpretation des Kindseins bereits eine implizite Zielvorstellung enthält; es zeigt sich, wie unverbindlich der Einsatz von Formen kindlichen Humors im Unterricht bleiben muß, wenn zu einseitig die formalen Bedingungen des Humors berücksichtigt werden. - Es sind aber auch andere Interpretationen des kindlichen Humors denkbar. Von der Interpretation des Humors hängt es ab, ob der Unterricht mehr als Medium der Verstärkung der eigenen Sicherheit in den gewohnten Normen, mehr als Medium der zeitweisen Befreiung aus verschiedenen Zwängen oder

mehr als Instrument der Normenkritik aufgefaßt werden soll. Die Alternative ist entweder ausdrücklich zu entscheiden oder in einer übergrei-
fenden Theorie zu differenzieren und zu vermitteln.

Das *Bilderbuch* ist in der letzten Zeit vor allem wegen seiner möglichen Bedeutung für eine kompensatorische Erziehung interessant geworden, einmal weil ihm eine propädeutische Funktion für die Initiation
ganz verschiedener Lernprozesse im Bereich der ästhetischen bzw. der
literarischen Erziehung zugesprochen wird, zum andern, weil man von der
Annahme ausgeht, daß sich über die intensive Bilderbuch-Erziehung die
Manipulation durch Bilder in Illustrierten, Comics, Werbekatalogen usw.
abwehren läßt (*Thiel 1969*, S. 61). Das Bilderbuch bietet die Möglichkeit, die das Kind unmittelbar umgebende und unmittelbar interessieren-
de Umwelt zu differenzieren, und es kann zugleich in eine Phantasiewelt
hineinführen. (*Baumgärtner 1967*, S. 53, *Thiel, S. 59*). Bei der Arbeit
mit den Bildern lassen sich "Formgefühl" und "Geschmack" entwickeln
(*Baumgärtner*, S. 57 ff., *Thiel*, S. 59). Das aus Text und Bild kombinier-
te Bilderbuch führt zur Differenzierung des Sprachverhaltens. Schließlich
motiviert der Umgang mit dem Bilderbuch überhaupt zum Umgang mit dem
Buch. Insofern ist er ein wichtiger Ausgangspunkt für eine Leseerziehung
(*Baumgärtner*, S. 45). - Bei der Diskussion um das Bilderbuch spielen
rein formale Gesichtspunkte keine so ausschließliche Rolle wie bei der
Diskussion um Sprachspielereien. Trotzdem bleibt auch hier die wichtige
Frage nach den Inhalten der sozial vermittelten Umwelt und der Phanta-
siewelt der Kinder etwas zu sehr außerhalb des Interesses.

4. Organisatorische Bedingungen und Ziele des Literaturunterrichts (Wege)

Wo über Umfang und Inhalt des Literaturbegriffs (1), über Formen des
Umgangs mit Literatur im Unterricht (2) und über Möglichkeiten der Wek-
kung und Differenzierung der literarischen Interessen (3) entschieden
wird, da sind bereits vage Vorstellungen über die "organisatorischen
Bedingungen" für die Verwirklichung der Ziele des Literaturunterrichts
mitgedacht: Entscheidungen über den Umfang des Literaturbegriffs im Literaturunterricht hängen zusammen mit Entscheidungen über die Strukturierung des Gesamtlehrplans in der Schule (Umfang und Inhalt anderer
"Fächer", Kern- und Kursunterricht, Wahl- und Pflichtunterricht, Stun-
dentafel u.a.), Entscheidungen über das angestrebte Verhalten beim Umgang mit Literatur sind teils mit Entscheidungen über Hauptunterrichts-

methoden identisch und Entscheidungen über die Möglichkeiten der Weckung und Differenzierung von Interessen schließen Entscheidungen über die systematische horizontale und vertikale Planung des gesamten Literatur-unterrichts ein.

Doch findet sich die Hervorhebung entsprechender Zusammenhänge auf verschiedenen Ebenen noch relativ selten. Eine Ausnahme bildet die Dis-kussion um die aktuelle Frage, ob der *Deutschunterricht* weiterhin eine *organisatorische Einheit* bilden oder in Literatur- und Sprachunterricht getrennt werden soll. Bei der Beantwortung der Frage zeigt sich aber eine charakteristische Verengung, die daher rührt, daß die Hauptträger der Diskussion überhaupt nicht von allen möglichen Alternativen, die augenblicklich "im Gespräch" sind, Notiz genommen haben.

"Die Ergebnisse empirischer Forschung auf den Gebieten der Sprachpsycho-logie und der Sprachsoziologie werden verdrängt. Die rationale Sprach-theorie der generativen Grammatik (Chomsky-Schule) wird den künftigen Deutschlehrern vorenthalten; Sprachtheorie, wenn sie überhaupt sicht-bar wird, ist an Literatur orientiert ... Der Stand der Germanistik wird auf schulischer Ebene reproduziert ... Aus der Kritik ergibt sich fürs erste, daß Sprachwissenschaft und Literaturwissenschaft getrennt werden müssen. Sie erfordern ein jeweils eigenes Studium; es sind ver-schiedene Schulfächer. Literatur müßte im Unterricht vom normsetzenden Wertsystem gelöst, als gesellschaftlich vermittelte Wirklichkeit begrif-fen werden. Sprachunterricht muß die Sprachkompetenz der Schüler erwei-tern können und kritische Sprachverwendung üben" (*Berg 1968*, S. 97).

Seit der Grundlagenkritik an der Germanistik und am Deutschunterricht seit dem Germanistentage in Berlin *(1968)* ist von verschiedener Seite immer wieder gefordert worden, den Deutschunterricht in Literaturunter-richt und Sprachunterricht aufzuteilen. Charakteristisch für die Ver-treter dieser Forderung ist nun - unabhängig davon, welche inhaltliche Richtung ihre Kritik verfolgt - die einfache Übertragung von Argumen-tationen über das Verhältnis von Literaturwissenschaft und Sprachwissen-schaft auf das Verhältnis von Literaturunterricht und Sprachunterricht. Auf die systematische Einbeziehung der allgemeindidaktischen und der aktuellen schulpolitischen Diskussion wird zumeist verzichtet.

Das gilt auch für *Berg* (s.o.). Bezugspunkt seiner Kritik ist ein her-kömmliches Konzept des über die Sprache "verbundenen" Deutschunterrichts. (Die Konzepte *Essens, Ulshöfers* und *Helmers* werden häufig von dem glei-chen Ansatz her kritisiert.) Aus der Kritik daran, daß die gesellschaft-liche Funktion der Literatur weder im Unterricht noch im Studium berück-sichtigt wird und daß die "irrationale" Schulgrammatik den Abbau der

Sprachbarrieren verhindert, "ergibt sich" mit der Aufteilung des Studiums die Aufteilung des Deutschunterrichts.

Auch für den Sammelband von *J. Kolbe* (Hrsg.): "Ansichten einer künftigen Germanistik" *(1969)* - in dem doch fast durchweg über Formalstrukturen der germanistischen Wissenschaften gesprochen wird - ist kennzeichnend, daß überall dort, wo Überlegungen zur Fachwissenschaft mit Überlegungen zum Unterricht in der Schule verknüpft werden, Studienbereichsentscheidungen ebenso begründet werden sollen wie Lernbereichsentscheidungen (Entscheidungen über Unterrichtsfächer) in der Schule. Daß sowohl der Linguist *(v. Pohlenz)* wie der Literaturwissenschaftler *(Iser)* den Textbegriff ins Zentrum ihres eigenen Studienbereichs stellen, müßte nachdenklich gegenüber den Begründungen für Bereichsentscheidungen stimmen.

Aber auch in den allgemeinen Vorschlägen zur strukturellen Veränderung unseres Schulwesens und der Lehrerbildung *(Strukturplan 1970)* findet sich die entsprechend enge Verklammerung von Entscheidungen über Fachwissenschaften mit Entscheidungen über den Fachunterricht, ohne eine eingehende Diskussion. - Das Gutachten über die *Lernziele der Gesamtschule* entwickelt dagegen einen Vorschlag, der alternative Modelle vermittelt und damit zugleich die Möglichkeit bietet, die Einseitigkeiten des bisherigen Vorschlags zu kritisieren *(Edelstein, Schäfer)*: "Ungefächerter Sprachunterricht" und "Deutschunterricht" orientieren ihre Lernziele am allgemeinen Ziel der Kommunikationsfähigkeit. In der Theorie des ungefächerten Sprachunterrichts spiegelt sich nicht nur die Entwicklungstendenz der sprachwissenschaftlichen Disziplin zur allgemeinen Linguistik, wichtiger ist noch, daß in diesem Unterricht über den Sprachenvergleich die zur Verwirklichung des Prinzips der Chancengleichheit notwendige Möglichkeit der Relativierung sprachlicher Normen gesehen wird. Der Deutschunterricht dient der "Fähigkeit zur Kommunikation als Hermeneutik von Lebenszusammenhängen". Er ist stärker inhaltlich (historisch-soziologisch-politisch) orientiert und soll auf einer "Didaktik der Sprechanlässe", auf einer "Analyse sprachlicher Medien" und auf "elementarer literarischer Interpretation" aufbauen. Differenzierungsmöglichkeiten des vorgestellten Modells nach altersspezifischen Bedingungen, nach Interessen- und Leistungsvoraussetzungen ergeben sich aus den strukturellen Bedingungen der Gesamtschule (S. 47 ff.). - Weil sich die Autoren des Gutachtens grundsätzlich von der Voraussetzung

freimachen, daß in der Gesamtschule weiter ein reiner Fächerunterricht
betrieben wird, weil sie die Entwicklung eines von Problemkreisen aus-
gehenden Projektunterrichts unterstützen (S. 117), unterliegen sie weder den formalen noch den inhaltlichen Beschränkungen, die zu den Argu-
mentationsfehlern der Autoren geführt haben, die nur die Alternative
Einheit oder Aufteilung des Deutschunterrichts in zwei Fächer kennen.

Aber auch dieser allgemeine organisatorische Rahmen läßt sich leicht
unterschiedlich füllen, je nachdem, ob man z.B. wie *Helmers (1970₁,*
S. 43 f.) von Problemfragen einer strukturalen Literaturwissenschaft
oder wie *Ivo (1969₃*, S. 96 ff.) von Fragen der Erforschung der Lese-
oder Marktsituation ausgehend größere thematische Zusammenhänge ab-
grenzt, um so den Unterricht nach dem "Lehrgangsprinzip" (beide Autoren meinen mit dem Ausdruck etwas anderes) zu organisieren. Bei *Helmers*
verweist die Betonung von Formproblemen (Gattungen, Arten), bei *Ivo* die
Betonung von inhaltlichen Problemen (Gesellschaftsbild usw.) und von
Schichtungsproblemen auf je andere Möglichkeiten der Ordnung allgemeiner
und spezieller Lernziele. Verschiedene Lernzielordnungen deuten bereits
auf verschiedene Weisen der Planung und Durchführung des Unterrichts
hin (von einem in engen Lernschritten festgelegten Unterricht bis zu
einem Unterricht, der Planung und Durchführung im wesentlichen der Ei-
geninitiative der Schüler überläßt)[22].

Wir haben gesehen: Die literaturdidaktische Theorie, die oft in di-
rektem Anschluß an die bildungstheoretische Didaktik entwickelt wurde,
gerät - auch wenn sie ihre Eigenständigkeit nicht nur gegenüber der Didaktik anderer Fächer, sondern auch gegenüber "zugeordneten" Wissenschaften betont - immer wieder in die Gefahr der einseitigen Abhängigkeit von herrschenden literaturwissenschaftlichen Theorien, denn bei
dem Versuch, Unterrichtsinhalte auszuwählen, zu elementarisieren und
so in größeren Unterrichtszusammenhängen anzuordnen, sehen sich die Didaktiker, wo sie sich nicht auf die Geschichte des Literaturunterrichts
beziehen, verwiesen auf die Literaturwissenschaft, die ähnliche Verfahren mit dem Anspruch auf Wissenschaftlichkeit oder Objektivität anwendet. Auf diese Weise wird das didaktische Prinzip der Elementarisierung
oft vorschnell inhaltlich interpretiert.

Die Kritik ist häufig mit neuen Begründungsansätzen für den Literaturunterricht gekoppelt. In ihnen wird die Bewertung der gegenwärtigen
"Situation" - sie ist ja immer schon auch in Zielentscheidungen der Li-

teraturwissenschaft impliziert - ausdrücklich zum begründenden Moment
für die oberste Lernzielentscheidung gemacht. Auch hier drohen durch
die undifferenzierte Verwendung des Situationsbegriffs bereits Verengungen, die zu einer neuen einfachen Parallelisierung von Literaturwissenschaft und Literaturdidaktik führen können, freilich unter neu-
en Hauptfragestellungen. - Zwar gibt es augenblicklich bereits mehrere
allgemeine situationsbezogene Begründungen des Lernbereichs, die neue
"inhaltliche" Gliederungen, auch Vorschläge für neue Organisationsformen des Unterrichts verständlich machen können, doch sind auch neue
literaturdidaktische Theorien nicht konsequent von hier aus durchkon-
struiert. Versuche, Verhaltensformen beim Umgang mit Literatur und Form
der Differenzierung des Interesses situationsbezogen zu begründen, bleiben im Ansatz stecken, denn es fehlen nicht nur die notwendigen Analysen gegenwärtiger Situationen (Umgang mit Literatur im Unterricht usw.),
es fehlen vor allem auch allgemeine theoretische Modelle, in denen die
Reflexion auf die Tragweite des Begründungsansatzes selbst vorausgesetzt
ist. Es fehlt der Bezug zur allgemeinen erziehungs- und gesellschafts-
wissenschaftlichen Theorie.

d) Bemerkungen zur Lehrerbildung

An jedes der erörterten Probleme ließen sich Überlegungen über die möglichen Inhalte der Ausbildung des Literaturlehrers anknüpfen, denn die
Rolle des Lehrers im Unterricht ist ja von den Unterrichtsinhalten, von
den Organisationsformen für den Unterricht, die Verhaltensänderungen der
Schüler bewirken sollen, mit bestimmt. Es ist aber gerade ein Haupt-
kennzeichen der Literaturdidaktik, daß Lernzielentscheidungen für die
Ausbildung des Literaturlehrers nicht konsequent situationsbezogen begründet werden (Umgang mit Literatur in der Universität, in der Schule
usw.). Hinzu kommt noch, daß in den fachdidaktischen Veröffentlichungen
kaum jemand Anschluß findet an die allgemeine Diskussion um die Reform
der Lehrerbildung, konkreter: um die Ausbildung des Stufenlehrers.

So ist es auch nicht verwunderlich, daß die Reformpläne zur Ausbildung des Deutschlehrers die gegenwärtigen Entscheidungen über die Veränderungen der Schulstruktur überhaupt ignorieren. Stattdessen spiegeln
sie allein den Streit um die Forschungssituation an den Universitäten
wider. Aus diesem Grunde setzt sich auch die Ansicht durch, daß die Uni-

versität in Zukunft keine Deutschlehrer, sondern Literatur- und Sprach-
lehrer ausbilden müsse. (Ansichten einer künftigen Germanistik, 1969;
s.o., S. 65 ff.) Universitätsgermanisten entwickeln die Konzeption eines
Literaturlehrers, der sich am jeweils neuesten Stand der Literaturwissenschaft orientiert hat und der durch spezielle fachdidaktische Übun-
gen in der Lage ist, moderne Erkenntnisse der Wissenschaften in Unterricht umzusetzen[23]. Die Vertreter der Fachdisziplinen haben zwar jetzt
weitgehend die Notwendigkeit einer ausdrücklich berufsbezogenen Ausbildung erkannt. Wenn sie nun davon ausgehen, daß Fachdidaktiken als Be-
standteile der Fachdisziplinen zu interpretieren und zu institutionali-
sieren sind, dann konstruieren sie - zum gegenwärtigen Zeitpunkt jedenfalls - damit eine Situation, über die möglicherweise wieder nur einseitig der funktionale Zusammenhang von Universitätsfach und Schulfach
gestützt werden kann. Denn nach wie vor bleibt die jeweils herrschende
Richtung der Literaturwissenschaft bestimmend für die Entscheidungen im
Bereich der Literaturdidaktik (s.o. S. 21, S. 33 ff.).

Selbst die Autoren der Loccumer Experten-Überlegungen zur Reform des
Philologiestudiums I "Literatur in Studium und Schule" (*O. Schwencke*
(Hrsg.) *1970*) unterliegen der Gefahr der einfachen Parallelisierung der
Zielsetzungen von Literaturwissenschaft und Literaturdidaktik, obwohl
sie neben der differenziertesten Kritik an den Studienmodellen der Universitätsgermanisten *(Weinrich* und *Iser)* auch eigene Vorschläge zur Aus-
bildungsreform entwickeln, die die Schulferne der Universitätsausbildung
aufzuheben versuchen. Doch sind auch diese Vorschläge weitgehend charak-
terisiert durch den Verzicht auf eine vermittelnde Theorie der Schule.

Auch der *Strukturplan für das Bildungswesen (1970)* geht von einer engen Fachvorstellung aus, die im Grunde die Formen der bisherigen Ausbildung bestätigt:

"Eine Fachausbildung ist Voraussetzung für jede Lehrertätigkeit. Zur
Fachausbildung gehört auch die jeweilige fachdidaktische Komponente...
Aus der Zielsetzung der fachlichen Ausbildung für den Lehrer ergibt
sich, daß fachdidaktische Lehrveranstaltungen zur Fachausbildung gehören. Fachdidaktik ist im Fach verwurzelt. Sie verbindet das Fach mit
der Schulpraxis" (S. 288 f.; s.a. S. 296).

Statt die Fachwissenschaften (nach dem Strukturplan: einschließlich der
Fachdidaktiken) von den Sozialwissenschaften/Erziehungswissenschaften
(nach dem Strukturplan: einschließlich der Allgemeinen Didaktik) und
von der direkten Einführung in die Berufspraxis zu trennen, sollten

Ausbildungsinstitutionen und Ausbildungsmodelle entwickelt werden, in denen unter Berücksichtigung der jeweiligen Bedingungen der Ausbildungssituation selbst und der Situation der gegenwärtigen und der projektierten Schule der Lehrer seine Rolle als einer erlernt, der über theoretische Reflexionen die eigene Praxis und die Praxis der Schüler verändern kann. Steht die Ausbildung des Lehrers unter dieser Leitidee, dann sind die einzelnen Ausbildungsveranstaltungen zu konzipieren als verschiedene Stufen der Annäherung der Theorie an die Praxis. Entsprechende Modelle der Lehrerbildung müssen ansetzen an Überlegungen zur Beschreibung und Bewertung repräsentativer Situationen des Lehrers in der Schule.

In diesem Sinne konsequent, wenn auch noch ohne Anwendungen für den Bereich des Literaturunterrichts, ist der *Diskussionsentwurf zur Neuordnung der Lehrerausbildung* des Landes Hessen *(1971)*, in dem die Berufsfeldanalyse der Abgrenzung der Aufgaben der Lehrerausbildung vorausgeht (S. 2 ff.). Weil aus der "schulpraktischen Anforderungssituation" "innovative Impulse" auf die "fach"-didaktische Fragestellung ausgehen, ist die einfache Herleitung solcher Fragestellungen aus den Fachwissenschaften unmöglich (S. 25). Gefordert ist eine erziehungswissenschaftlich orientierte Fachdidaktik (S. 24).

Allerdings muß man sich hüten vor dem naheliegenden Kurzschluß, daß es allein darum geht, solche Ausbildungssituationen zu schaffen, die den Situationen in der Praxis des Unterrichtens besonders ähnlich sind. Es könnte vermutet werden, daß die vom Studenten selbst gehaltene Unterrichtsstunde mit anschließender Besprechung in der Ausbildung wichtiger ist als eine distanziertere Form der Begegnung mit der Praxis durch Unterrichtsbeobachtung, ganz sicher aber wichtiger als die Beschäftigung mit Theorien der Didaktik, etwa der Literaturdidaktik, oder als die Beschäftigung mit einem besonders "schwierigen" Roman im Literaturstudium, den man im Unterricht ganz sicher nie behandeln wird. Es geht überhaupt nicht um die Konstruktion solcher Alternativen, die deswegen nicht entscheidbar sind, weil jeweils andere Aspekte des Berufsfeldes angesprochen sind. Es geht darum, daß in die Ausbildung *durchgängig die Reflexion auf das Verhältnis von Theorie und Praxis* eingeführt wird.

4. Kritik der Zielformulierungen in der didaktischen Literatur

a) Lernzielhierarchie und Lernzielkritik

Die explizite Reflexion auf allgemeine individuelle und gesellschaftliche Situationen (Lesesituation, Situation des literarischen Marktes,
bildungspolitische Situation) in einigen neueren Ansätzen zu einer Didaktik des Literaturunterrichts (bes. bei *Dahrendorf, Geißler, Ivo,
Helmers*) hat ganz sicher zur Präzisierung der Diskussion beigetragen:
Der Prozeß der Lernzielfindung und Lernzielformulierung erscheint jetzt
als ein Prozeß revidierbarer, weil situationsbezogener Entscheidungen.
Von dem Situationsbezug her wird es auch möglich, Inhalte des Literaturunterrichts, Formen des Umgangs mit Literatur, Differenzierungsfor-
men des Interesses an der Literatur und organisatorische Bedingungen
des Literaturunterrichts zunächst in grober Weise neu zu kategorisieren, aufeinander zu beziehen und zu gewichten (s.o. 3. Kap.).

So ist zwar eine Basis für differenziertere Argumentationen gewonnen,
doch sind die Präzisierungen, die sich von hier aus vornehmen lassen,
noch nicht mit solchen aktuellen Entscheidungen zu vermitteln, die während der Planung von Unterricht und im Unterricht selbst fallen. Die
zurückhaltenden oder ambivalenten Bewertungen der allgemeinen Ausgangssituationen schaffen ebenso wie die Allgemeinheit entsprechender Lernzielformulierungen (bzw. der Formulierung von Lernzielaspekten) noch zu
weite Spielräume für speziellere Lernzielentscheidungen. Erst die Beschreibung und Bewertung wichtiger *spezieller* Situationen könnte die
Formulierung von Lernzielen entsprechender Reichweite vorbereiten (s.o.
S. 11 ff.). Die Bedingungen des Leseverhaltens außerhalb und innerhalb
des Unterrichts und die Auswahl der relevanten Literatur selbst wären
ebenso wie die übrigen Bedingungen des bisherigen und des geforderten
neuen Unterrichts noch genauer zu bestimmen. Erst über die wertende Reflexion auf allgemeine *und* spezifische für wichtig gehaltene Situationen
sind die Entscheidungen auf verschiedenen Ebenen der Allgemeinheit be-

gründbar, wird die hierarchische Darstellung eines durch unterschiedliche spezifische Situationen eingeschränkten Lernzielzusammenhangs als
eine mögliche Form der *Operationalisierung*[24] eines sehr allgemein formulierten Lernziels möglich.

Die vertikalen und horizontalen Beziehungen in einem Lernzielzusam-
menhang werden über *Transfer*hypothesen formuliert, die jeweils die Behauptung enthalten, daß die Orientierung an einem bestimmten Lernziel
für die Orientierung an einer Reihe anderer Lernziele gleicher und verschiedener Stufe der Allgemeinheit besonders qualifiziert, möglicherweise die explizite Orientierung an bestimmten Lernzielen überflüssig
macht. Die in der modernen Lehrplantheorie aktuelle Frage nach den Trans-
fermöglichkeiten läßt sich unter leicht veränderter Perspektive umfor-
mulieren in die für die Allgemeine Didaktik traditionelle Frage nach
der exemplarischen Bedeutung eines bestimmten Lernziels (s.o. S. 23).

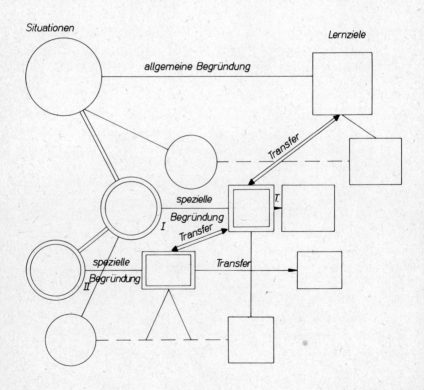

Wir deuten eine mögliche Form der Operationalisierung am besten in
einem stark vereinfachten Schema von unserem Ausgangsbeispiel (s.o.
S. 11 ff.) her an, allerdings ohne dabei die Entscheidungsprozesse auf
verschiedenen Ebenen zu begründen und ohne andere mögliche Entscheidungen zu verbalisieren.

Auf einer relativ hohen Stufe der Allgemeinheit könnte z.B. folgendes
Lernziel als Spezifikation der allgemeinen Zielformulierung "Der Schüler
lernt Texte zu analysieren" ausgewählt und mit der nachgewiesenen frü-
hen Manipulation u.a. durch entsprechende Medien begründet werden:
"Der Schüler (= jeder Schüler) lernt etwa von der 5. Klasse an zu aktuellen politischen Anlässen den Nachrichtenteil sehr unterschiedlicher
Tageszeitungen im Hinblick auf formale und inhaltliche Bedingungen für
die unterschiedlichen Intentionen und Wirkungen zu beschreiben und zu
kritisieren." Von dieser Formulierung bis zu den präzisen Angaben für
eine Unterrichtseinheit in einer bestimmten Gruppe finden noch eine Reihe wichtiger situationsbezogener Auswahlentscheidungen statt.

Die hierarchische Struktur von Lernzielzusammenhängen ist aber in der
neuen didaktischen Literatur in ihrem Situationsbezug kaum in Ansätzen
durchschaubar gemacht worden. Die beiden bekanntesten Methodiken bzw.
Didaktiken, von *E Essen* und *R. Ulshöfer*, kennen die Konzentration auf
den Lernzielbegriff nicht. Aber auch *M. Berg (1968)*, *C. Bürger (1970)*,
W. Dahle (1968, [2]*1970)* u.a. argumentieren in ihren Kritiken nicht von
diesem Problem her. Zwar haben *H. Helmers (1966,* [7]*1972; 1970$_1$)* und
W.P. Teschner (1968) mit ihren Entwürfen und allgemeinen Überlegungen
zur Lehrplanung einige Anfangspunkte gesetzt. Sie haben die literaturdidaktische mit der allgemeinen curriculumtheoretischen Diskussion vermittelt. Doch zeigen diese Beispiele mit der Hauptkategorisierung von
Lernzielen nach gattungstheoretischen Gesichtspunkten noch einmal, daß
die Verkennung der Entscheidungsprozesse, die der Formulierung von Lernzielen auf *jeder* Ebene der Allgemeinheit vorhergehen, zu eben den Beschränkungen bzw. Verengungen der literaturdidaktischen Theorie führt,
die sich durchweg mit der unproblematisierten Übernahme literaturwissenschaftlicher Kategorien als didaktischer Kategorien ergeben (s.o.
S. 19 ff.). *H. Ivo (1969$_2$)* hat sich in seinen Überlegungen zu dem allgemeinen Lernziel "Befähigung zur Teilnahme am literarischen Leben"
(S. 83 ff.) zwar nicht in derselben Weise verengt, weil er versucht hat,
das Teilnahme-Verhalten am literarischen Leben zu kategorisieren, doch

bleibt bei ihm unklar, wie sich dieses Teilnahme-Verhalten so bewerten läßt, daß speziellere Ziele *begründbar* werden (s.o. S. 47).

Zum gegenwärtigen Zeitpunkt kann die Lösung der Probleme einer Hierarchisierung von Lernzielen möglicherweise am ehesten in einem negativen Ansatz versucht werden. Denn auch in der übrigen methodischen und didaktischen Literatur sind Vorschriften oder Empfehlungen für den Literaturunterricht auf verschiedenen Ebenen der Allgemeinheit formuliert und teils - ohne daß die Berechtigung für dieses Vorgehen reflektiert würde - über begründende Aussagen verbunden. Daher ist es möglich, Annahmen über teils implizierte, teils explizierte systematische Lernzielzusammenhänge auch aus dieser Literatur herauszuarbeiten. Die Explizierung und Kritik der Ansätze zu Lernzielhierarchien ist deswegen wichtig, weil sich erst über sie die Rolle, die allgemeine Lernzielformulierungen wie "Teilnahme am literarischen Leben" oder am "literarischen Gespräch" bei einzelnen Autoren spielen, differenzierter beschreiben läßt, ganz besonders deswegen, weil entsprechende Formulierungen wegen ihrer Allgemeinheit fast durchweg akzeptiert werden, ohne daß gleich durchschaut wird, wie leicht mit der Formulierung auch der spezielle Zusammenhang übernommen wird, in den diese Formulierung hineingestellt ist.

Wir fragen also, welche *spezielleren Ziele oder Handlungsalternativen* häufig mit gemeint bzw. welche ausgeschlossen sind, wenn ein Autor eine allgemeine Zielformulierung verwendet. Wir fragen, auf welche Weise die *Entscheidungsspielräume verdeckt* werden. Wir fragen weiter nach der *Zirkelhaftigkeit* von Lernzielargumentationen. Unser Interesse konzentriert sich vor allem darauf festzustellen, ob sich allgemeine Zielformulierungen nach ihrer Funktion bei bestimmten Autoren als *"Leerformeln"* identifizieren und kritisieren lassen, die überall dort, wo sie explizit oder implizit auf charakteristische Weise spezielle Ziele begründen, Ideologien verdecken oder stützen. Die für den Bereich des Literaturunterrichts relevanten Aussagenzusammenhänge müssen zunächst einmal geprüft werden im Hinblick auf das Vorhandensein und auf die Funktion prinzipiell nicht falsifizierbarer "pseudo-empirischer" Aussagen, "pseudo-normativer" Aussagen, die "entweder keine mögliche Verhaltensweise verbieten" oder lediglich "einige extreme Positionen ausschließen" und "essentialistischer" Aussagen, in denen der "Wirklichkeit ein notwendiger ontischer Sinn" (*Degenkolbe 1965*, S. 327 ff.) zugesprochen wird. Ihre besondere Funktion erhalten Leerformeln dadurch,

daß die bei ihrer inhaltlichen Füllung ablaufenden Entscheidungsprozesse verdeckt bleiben. So wird bewußt oder unbewußt, durch eine Täuschung unserer Sprache, ein Ideologien stützender Zusammenhang herge-
stellt (s. *Topitsch 1960₁*, S. 233 ff.), indem etwa essentialistische
und pseudo-normative Aussagen mit spezifischen Normen folgendermaßen
verknüpft werden:

1. Der Mensch ist ein *Sprach*wesen - *Sprache* ist ein *geordnetes* Ganze -
   Der Schüler soll daher die *Ordnungen* (Regeln) der Grammatik und der
   Rechtschreibung lernen. (Umgekehrt: Über die *Ordnungen* der Grammatik und Rechtschreibung lernt der Schüler *Ordnung* als unser Leben
   gestaltendes Prinzip kennen.

2. Der Mensch ist ein *Sprach*wesen - *Sprache* ist eine *wirkende* Kraft -
   Literatur ist *Sprache* - Der Schüler soll daher Literatur nicht zer-
   gliedern, sondern auf sich *wirken* lassen.

Die bisherige Kritik an der Didaktik des Deutschunterrichts hat häufig
nur die hinter den Aussagen stehende Ideologie *inhaltlich* herausgearbei-
tet, ohne die *formale* Struktur der Pseudobegründung zu durchschauen. Auf
unsere Beispiele bezogen: Sie weist auf die politischen Implikationen
der Ordnungsvorstellung oder der positiven Bewertung der Irrationalität
hin, ohne die Verwendung verschiedener Sprach-, Ordnungs- und Wirkungs-
begriffe in *einem* Begründungszusammenhang zu kritisieren. Es ist daher
auch kaum verwunderlich, wenn in den Neuauflagen der kritisierten Methodiken und Didaktiken häufig nur einzelne Elemente, nicht aber die For-
malstruktur der Begründungszusammenhänge verändert werden, d.h. wenn mit
modernen Leerformeln die alten spezifischen Normen gestützt werden.

Wenn man das Problem der Leerformeln unter dieser Akzentuierung sieht,
dann wird man nicht bestimmte allgemeine Ausdrücke oder Zielformeln iso-
lieren und wegen ihrer vagen Bedeutung oder wegen ihrer "Leerheit" als
sinnlos abqualifizieren und aus den Lernzielzusammenhängen ausscheiden
wollen. Denn es geht hier nicht darum, einen Lehrplan lediglich auf seine Effektivität hin zu befragen: "Begriffe, die Leerformeln *sind*, beein-
trächtigen ebenfalls die Effektivität des Lehrplans" (*Helmers 1966,
5. Aufl. 1970*, S. 41 - Sperrg. d.V.). Die Analyse richtet sich auch
nicht gegen Zielformulierungen, die *Helmers* als "Funktionalziele" gegenüber den "fachspezifischen" Zielen abqualifiziert (*1970₁*, S. 45, S. 57).
Jede Zielexplikation muß schließlich auf entsprechende Formulierungen

zurückgreifen. Es geht vielmehr darum, die *Verwendung* solcher Formeln zu durchschauen und zu untersuchen, inwieweit Vieldeutigkeiten in unserer Sprache zu Scheinargumentationen verführen bzw. dazu benutzt werden, durch Scheinargumentationen zu überreden. Es muß gefragt werden nach den besonderen aktuellen oder habituellen Kontexten einer scheinbar leeren Rede.

b) *Formale Bedingungen für die Ideologisierung von Lernzielzusammenhängen in literaturdidaktischen Konzeptionen*

Über die Analyse von Methodiken bzw. Didaktiken und über die Analyse von Lehrplänen für den Literaturunterricht läßt sich vor allem eines deutlich machen: Alle in literaturpädagogisch relevanten Zusammenhängen aufgestellten Behauptungen über individuelle und gesellschaftliche Situationen, über literaturwissenschaftlich gesicherte Erkenntnisse und Methoden sind bereits orientiert an pädagogischen Intentionen. "Unter der Hand" wird oft eine pädagogische Idealvorstellung konkretisiert, aber selten als solche zur Diskussion gestellt.

Wir gehen davon aus, daß die Explikation der *Zirkel*struktur entsprechender fachdidaktischer Argumentationen ein erster Schritt dazu ist, den Zirkel zu durchbrechen, denn sie erleichtert immerhin die Überprüfung der in den Argumentationen enthaltenen Behauptungen über Sachverhalte und macht die Argumentationsverfahren durchsichtig. Positive Aussagen über akzeptable Zielsetzungen sind allerdings von dieser Basis aus nicht gerechtfertigt. Über die Analyse läßt sich weiter zeigen, daß ganz verschiedene Autoren *typische* Argumentationsfiguren verwenden.

Wir versuchen diese Argumentationsfiguren exemplarisch zu erläutern mit dem Ziel, über die Aufdeckung wichtiger typischer Irrtümer die Spielräume für mögliche Lernzieldiskussionen negativ abzugrenzen. - Offen tautologische Formulierungen werden aus der systematischen Behandlung ausgeschlossen. Dazu gehört etwa die allgemeine Zielformulierung von *Spieler-Thamm (1968)*:

"Wenn das Ziel der Bildung der gebildete Mensch ist, so kann das Ziel der literarischen Bildung nichts anderes sein als der literarisch gebildete Mensch" (S. 4).

Dazu gehört auch die von *E. Essen* referierte Forderung *(1965)*, "Textbetrachtung" solle sich an den "Text" halten. Daß auch diese und analoge

Formeln als Leerformeln fungieren und unter der Hand konkreter gefüllt werden, zeigt ihr Stellenwert im Kontext der aktuellen didaktischen Diskussion:

"Ob die Vorstellung von Themenkreisen, Problemkreisen, politischem, weltanschaulichem oder ethischem Bezug dazu beigetragen hat, daß die Betrachtung sich aus der Bindung an den Gegenstand nach und nach gelöst hat?" (S. 48) (Gegenstand = Text)

1. Die Funktion der individuellen "Situation" in Lernzielbegründungen

Die Versuche *Dahrendorfs, Geißlers, Helmers, Ivos, Webers u.a.*, von der aktuellen gesellschaftlichen oder individuellen (gesellschaftlich vermittelten) Situation her den Literaturunterricht neu zu orientieren, sind nicht differenziert genug, um Lernziel*zusammenhänge* zu begründen. Entweder verhindert die Zurückhaltung bei der Bewertung der Situationen den Überblick über Lernzielalternativen *(Ivo, Dahrendorf)* oder der Ansatz wird überhaupt nicht konsequent als situationsbezogener Ansatz auf einer niedrigen Ebene der Allgemeinheit weitergeführt *(Helmers)*, falls nicht auf eine Spezifikation des allgemeinen Ansatzes zunächst überhaupt verzichtet wird *Geißler, Weber)*.

Stattdessen werden nach wie vor mit alten entwicklungspsychologischen Theorien, denen ein stark restringierter Situationsbegriff (s.o. S. 10, Anm. 4) zugrunde liegt ("Psychische Situation"), Lernzielentscheidungen auf verschiedenen Ebenen der Allgemeinheit wirkungsvoll gestützt. Der Schüler in der 5. und 6. Klasse etwa ist "unreflektiert", hat ein "unmittelbares" Verhältnis zu Personen, Tieren, Dingen. Später wird das "Ich" sich seines Gegensatzes zu anderen bewußt, entwickelt Selbstbewußtsein usw.. Zielentscheidungen für den Unterricht sind ausdrücklich auf diese allgemeinen psychischen "Gegebenheiten" bezogen. Noch immer wird die *Zirkel*struktur der Argumentationen nicht hinreichend durchschaut:

"Es liegt im Wesen der echten Ballade mit ihrer Zweischichtigkeit, daß sie im Unterricht erst dann geboten werden kann, wenn in den Kindern das Symbolverständnis erwacht ist, also keinesfalls vor dem 7. Schuljahr. Für die Dreizehn- bis Sechzehnjährigen aber ist die Ballade die dichterische Gestaltung, die ihrer eigenen Gemütslage am besten entspricht. Deshalb fühlt sich der junge Mensch in der Pubertätszeit zu dieser Dichtung besonders hingezogen (*Nentwig 1962*, S. 259 f.).

Obwohl diese Art der *genetischen Interpretation der Dichtungsgattungen oder -arten* schon seit langer Zeit einer intensiven Kritik ausgesetzt

ist (s. *Beinlich, Helmers* u.a.), wird sie nicht nur von *Nentwig*, sondern auch von einer Reihe anderer Autoren, von *I. Braak ([5]1963), E.
Essen, R. Ulshöfer, F. König (1970), Spieler-Thamm (1968)* u.a., vor allem aber in den Lehrplänen immer noch dazu benutzt, die Auswahl bestimmter Unterrichtsinhalte für eine Adressatengruppe als notwendig zu begründen. Selbst den Kritikern *(Helmers, Beinlich)* fällt die vollständige
Distanzierung von diesem schematischen Denken schwer.

Die unterstellten Entsprechungen, die die "Rolle" bestimmter Literatur für die "Reifungszeit" des Menschen begründen sollen (*Ulshöfer*,
Band 2, [7]1968, S. 177), in unserem Beispiel: die "Zweischichtigkeit"
(Nentwig) oder die "grellbunte Bewegtheit" (*Spieler-Thamm 1968*, S. 195)
in der Ballade und im Empfinden der Kinder bzw. Jugendlichen sind aber
nicht das Ergebnis des Vergleichs voneinander unabhängiger entwicklungs-
psychologischer und literaturwissenschaftlicher Erkenntnisse, sondern
selbst bereits spezielle Anwendungen der Kulturstufentheorie, die die
genetische Interpretation der Ballade ebenso begründen kann wie die Literarisierung der Entwicklung des Individuums ("Balladenalter"). - Die
Behauptung der Korrespondenz zwischen der "Einfachheit" des Volksliedes
und der "Einfachheit" der 10-12jährigen (*E. Essen* [8]1969, S. 32; s.a.
R. Ulshöfer, Band 1, [4]1969, S. 62), zwischen der "Allverbundenheit" im
Märchen und der "Allverbundenheit" von Kindern bestimmten Alters, die
These vom "Dramenalter" usw. enthalten den gleichen Zirkelschluß. - Aber
nicht nur die *Inhalte* des Literaturunterrichts, auch *Formen des Umgangs
mit Literatur* (etwa: "erleben" auf der Unterstufe - "verstehen" auf der
Mittelstufe) und *Organisationsformen* (etwa: strenge Führung auf der Un-
terstufe - Auflockerung in der Mittelstufe) werden über entsprechende
Theorien begründet.

Nicht immer sollen psychische Situationen wie in dem ersten Beispiel
Ziele scheinbar unmittelbar begründen. Daß Ziele nicht direkt aus der
Situation ableitbar sind, daß stattdessen die vorgängige Bewertung der
Situation die Spielräume für Zielentscheidungen bereits eingeengt hat,
sagt auch *Ulshöfer* in seiner Methodik des Unterstufenunterrichts. Er
selbst will allerdings den Anschein der Selbstverständlichkeit bestimmter Ziele durch die Art seiner Formulierungen weiter aufrecht erhalten:

"Sie beschäftigen sich gerne mit Haustieren und Vögeln. Folgerung: Tier
und Tiergeschichte spielen im Unterricht eine große Rolle. Wir stellen
selbst Tierbücher her, verfertigen Tiergedichte, erzählen Tiergeschich-
ten und regen zur Lektüre an.

Sie wenden sich allmählich mehr den Vorgängen der Wirklichkeit als denen
der Phantasie zu.
Folgerung: Um so wichtiger ist es, dafür zu sorgen, daß die Kräfte der
Phantasie nicht verkümmern, daß die Phantasie an die Wirklichkeit gebunden wird" (*Ulshöfer*, Band 1, [4]*1969*, S. 10).

Sehen wir an dieser Stelle einmal davon ab, inwieweit das Urteil über
die individuelle altersspezifische Situation gültig ist: daß einmal die
Verstärkung, einmal die *Gegenwirkung* gegen die Ausgangssituation die
Zielrichtung im Unterricht bestimmt, könnte als "Folgerung" doch erst
dann verständlich werden, wenn *Ulshöfer* zugleich seine pädagogischen
Leitvorstellungen expliziert hätte, mit denen er die Ausgangssituation
bewertet[25].

Schließlich können aber auch Widersprüche, bei der Explikation von
Zielentscheidungen charakteristische Inkonsequenzen offenlegen. Das ist
etwa der Fall, wenn ältere und neuere Annahmen über die "psychische Situation" nicht vermittelt werden: Die in den Zusammenhang der Kulturstufentheorie gehörige Annahme, daß neuere Literatur erst nach der älteren verstanden werden kann und die Annahme, daß es zur modernen Literatur unmittelbare Zugänge gibt, schließen einander in dieser Allgemeinheit aus. In dem folgenden Text sind aber beide Annahmen impliziert:

"Wenn die Schüler die klassische Form des Dramas verstehen gelernt haben, ist es möglich, auch schon ein neues Schauspiel mit ihnen durchzu-
arbeiten und ihre Aufmerksamkeit zu wecken für eine Anschauungs- und
Gestaltungsweise unserer Zeit, die nicht mehr den gewohnten Gesetzen
des Dramas entspricht ... Es zeigt sich immer wieder, daß die Jugendlichen unserer Zeit für diese Art der Aussage ganz unmittelbar aufge-
schlossen sind" (*E. Essen* [8]*1969*, S. 226).

Die *Zirkel*struktur der Zielbegründungen, in die Annahmen über die "psychische Situation" eingehen, verdeutlicht ein Schema:

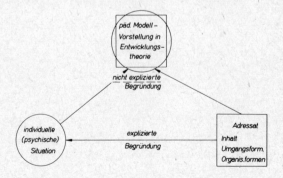

2. Die Funktion der Transferhypothesen in Lernzielbegründungen

Die *hierarchische Struktur* von Lernzielzusammenhängen bleibt bei diesen
ersten Spezifikationen allgemeiner Theorien (Stufentheorien der Entwicklung u.ä.) noch verdeckt, weil die allgemeinsten Zielentscheidungen überhaupt nicht ausgesprochen sind. Daß auch hier bereits ganz bestimmte
Auswahlentscheidungen gefallen sind (Auswahl bestimmter Gattungen, bestimmter Organisationsformen usw.), tritt dadurch teilweise in den Hintergrund. Das Problem der hierarchischen Struktur rückt aber überall
dort ins Zentrum, wo mehrere Lernziele miteinander verknüpft werden.
Häufig wird dabei ein Lernziel durch ein anderes über die Behauptung
begründet, daß mit dem einen Lernziel mindestens ein Schritt zur Er-
reichung des anderen Lernziels getan wird. Ob nun Ziele unterschiedlicher Allgemeinheit (vertikal) oder gleicher Allgemeinheit (horizon-
tal) verknüpft sind, die Hypothesen, die den jeweiligen Zusammenhang
zwischen den Zielen stiften sollen, nennen wir Transferhypothesen (s.o.
S. 72).

Besonders die Lehrpläne enthalten entsprechende Transferbehauptungen,
die durch stereotype Verknüpfungsformeln erhärtet erscheinen sollen.
Über bestimmte *formalsprachliche Bedingungen* wird leicht der Anschein
erweckt, als sei der unterstellte Transfer überhaupt nicht zu diskutieren. Das gilt für passivische Formulierungen wie "durch das Lernen von
a *erschließt sich* b" oder "durch das Lernen von a *wird* das Lernen von
b *gefördert*" oder "a *will* als b *betrachtet* und *gedeutet werden*". Das
gilt für Formulierungen wie "das Lernen von a *wirkt* auf das Lernen von
b" oder "a *weckt* und *fördert* im Schüler die Liebe zu b". Dabei ist es
durchaus möglich, daß man - auf die Suggestivkraft der sprachlichen
Formulierungen vertrauend - Ziele zusammenbringt, deren tertium compa-
rationis kaum erkennbar ist:

"Literaturuntersuchung und Gestaltungsversuche ergänzen einander. *Damit
wird die Fähigkeit zu eigenem kritischem Urteil gefördert*" (Lehrplan
Hessen, Gymnasium, *1969*, S. 31 - Sperrg. d. V.).

Durchweg liegt den Formulierungen ein sehr primitives Modell des Lernprozesses zugrunde, in dem Lehrer und Schüler als Akteure überhaupt
nicht vorkommen.

Entsprechende Transferbehauptungen lassen sich durchgängig bei der
Diskussion der Ziele des Literaturunterrichts identifizieren, etwa als

Behauptungen über bestimmte Literatur, die zur Einsicht in das "Wesen" einer Gattung oder Dichtung "an sich" führen soll, als Behauptungen über bestimmte Umgangsformen mit der Literatur, über die das Erleben und Verstehen von Literatur generell, möglicherweise auch "Selbsttätigkeit" oder "Selbstbestimmung" garantiert wird:

"Schillers Drama (Wilhelm Tell - d.V.) gehört zum eisernen Bestand der deutschen Schullektüre aller Schulgattungen; kein Schüler also, der nicht aus ihm den "Atem der Freiheit" gesogen, sich an dem reinen Hauch erfrischt hätte" (*Spieler-Thamm 1968*, S. 251).

Die Tatsache, daß in Methodiken, Didaktiken und Lehrplänen für den Literaturunterricht Transferbehauptungen fast durchweg nicht als Ziel*entscheidungen* sichtbar gemacht werden, kann diese Behauptungen vor der Kritik der Entscheidungen nicht schützen. Die Kritik läßt sich exemplifizieren an analogen Beispielen zu aktuellen Streitpunkten der literaturdidaktischen Diskussion:

Die Frage nach der Repräsentativität spezieller Unterrichtsinhalte, Umgangsformen mit Literatur oder unterrichtlicher Organisationsformen ist von Autoren, die sich mit der allgemeindidaktischen Diskussion um Auswahlprobleme des Unterrichts auseinandergesetzt haben (etwa *Helmers*) nicht mit derselben Selbstverständlichkeit über umfassende Transferhypothesen formuliert. Dagegen ist die Methodik von *Ulshöfer* ein Musterbeispiel für entsprechende Argumentationsreihen. Nehmen wir seine Überlegungen über die "Funktion" der Behandlung eines lyrischen Elements (Rhythmus) heraus:

"Das Geheimnis des Rhythmus
Die sinnliche Kraft und Wirkung der Sprache steckt nicht so sehr im Wort als im Rhythmus der Perioden. Rhythmen sind sich wiederholende Vorgänge des Naturgeschehens oder des seelischen Lebens, die sich innerhalb gleicher Zeitstrecken bald zögernder, bald beschleunigter abspielen. Der Rhythmus als Ausgleich von Freiheit und Bindung, Trieb und Hemmung ist immer Ausdruck einer Lebensganzheit, sei es eines Menschen oder eines Werkes, einer Naturerscheinung oder eines geschichtlichen Vorganges. Rhythmus ist ein Wesensmerkmal jeder Gestaltganzheit. Im Rhythmus verkörpert sich die innere Ordnung. Der Rhythmus ist die in der Zeit dargestellte Gesetzlichkeit einer Gestalt."
"Im Chor muß jeder Sprecher seinen eigenen Sprechrhythmus dem Ganzen unterordnen" (*Ulshöfer*, Band 2, [7] *1968*, S. 42, S. 43).

Zwar wird in diesem Text nirgendwo ein spezielles Lernziel explizit eingeführt und über eine Transferbehauptung begründet (etwa: Mittelstufenschüler sollen Gedichte rhythmisch im Chor lesen, denn dadurch ...),

82

doch wird leicht deutlich, daß die essentialistischen Aussagen dieses
Ziel unmittelbar und generell einsichtig machen sollen, ohne daß zu fragen wäre nach speziellen Unterrichtsbedingungen (s.a. Das *Geheimnis* des
Rhythmus!). Die Struktur der Pseudoargumentation ist einfach: Die Argumentation bewegt sich von der speziellen Ebene zu einer sehr allgemeinen
und von der allgemeinen Ebene zurück zur speziellen. Sie wird scheinbar
ermöglicht durch die *Identifikation verschiedener Rhythmusbegriffe*
(Rhythmus der Perioden, abgesetzt gegen Metrum und Wort - Rhythmus in
der Natur, in der Seele, in der Geschichte) *und verschiedener Ordnungs-
und Ganzheitsbegriffe* (in der Schulklasse - in der Natur, Geschichte,
Werk usw.) und durch den Übergang zwischen Begriffen auf einer sehr allgemeinen Ebene ("Rhythmus ist ein Wesensmerkmal jeder Gestaltganzheit").
- Daß entsprechende Pseudoargumentationen auch über den Begriff des Wor-
tes (s.o. Text) möglich wären, bleibt unberücksichtigt.

Nicht alle Beispiele entsprechender Pseudo-Argumentationen sind so
durchsichtig, doch lassen sie sich oft auf ähnliche einfache Strukturen
reduzieren. Das gilt auch für scheinbar zwingende Konkretisierungen
allgemeiner Grundgesetzforderungen im Literaturunterricht *(Ulshöfer)*
und für scheinbar selbstverständliche Zugänge zur Werkästhetik oder zur
Gattungspoetik *(Helmers, Essen)*. Der Zusammenhang von essentialistischen
Aussagen und spezifischen Zielen läßt sich schematisch darstellen:

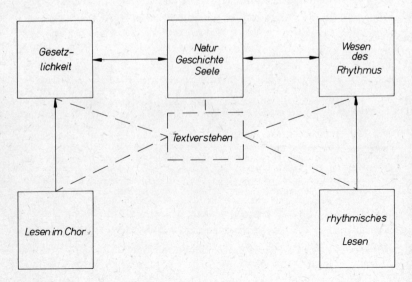

An einem weiteren Beispiel kann man über die Reflexion auf die Formal-
struktur der Argumentation ein anderes Problem im Zusammenhang von Transferbehauptungen erörtern:

1. Wir erkennen in dem Wechselverhältnis von Eindruck und Ausdruck, Aufnehmen und Hervorbringen, Verstehen und Gestalten ein Grundgesetz des
   seelisch-geistigen Lebens und Wachsens und eine Grundlage unserer
   Methodenlehre und begründen damit den verbundenen Deutschunterricht.
   Kein Arbeitsvorgang, kein Spiel, kein Lesestück dient nur einer Absicht, sondern zugleich mehreren; jeder Schritt des Unterrichts steht
   in einem Wechselbezug von Lesen und Schreiben, Hören und Sprechen.
   Jedes Lesestück wird durch eigene Gestaltungsaufgaben vorbereitet oder
   führt zu Gestaltungsaufgaben hin" (*Ulshöfer*, Band I, S. 25).

2. Das VI. Kapitel des Bandes (Das Gedicht auf der Unterstufe) enthält
   folgende Teilaufgaben:
   "Das Verfertigen von Gedichten nach Vorlage. Einführung in die lyrische Elementarlehre." (eine Aufgabenbeschreibung: "Unser Gedicht soll
   gebaut sein, wie das von Gustav Falke. Welche Vorschläge sind rich-
   tig, welche falsch?" S. 63 f.).

   "Das Lernen und Sprechen von Gedichten" ("Die Sprechübung wird erschwert, wenn wir den Text nicht auswendig können" S. 75 f.).

   "Das Verfassen von Gedichten nach vorgegebenem Thema oder nach Prosa-
   vorlagen" S. 78).

   "Sprachlehre und Arbeit am Gedicht" (Üben der Zeichensetzung, Um-
   standsbestimmung, Adverbialattribut, Konjunktiv usw." S. 79 ff.).

Der erste Text erscheint ohne den Blick auf den zweiten in seiner Allgemeinheit zunächst relativ unproblematisch. Der Übergang von der allgemeineren zu der spezielleren Ebene ist scheinbar durch das Begriffs-
paar "verstehen" und "gestalten" legitimiert. Auf der spezielleren Ebene sind die Varianten des Begriffspaares "lesen" und "schreiben" bzw.
"hören" und "sprechen", verbunden. Erst die Exemplifizierungen auf der
Ebene der Gedichterarbeitung, die ebenfalls durch den Grundsatz des
"verbundenen Sprachunterrichts" begründet werden, machen die Verengungen
beim Übergang zu spezielleren Lernzielebenen sichtbar und lassen rückblickend bereits den Übergang zu der Gegenüberstellung von "lesen" und
"schreiben" u.a. problematisch erscheinen. Jetzt erst wird deutlich,
daß *Ulshöfer* seine Auffassung des Deutschunterrichts als eine Handwerks-
lehre von Anfang an mitgedacht hat.

Wenn man bedenkt, daß das Prinzip des *verbundenen Deutschunterrichts*
oder Sprachunterrichts - es läßt sich zumindest der Sache nach in allen
repräsentativen Methodiken und Didaktiken und in allen Lehrplänen nachweisen - zur Begründung der Einheit des Schulfaches Deutsch mit allen

seinen augenblicklich anerkannten Teilaufgaben verwendet wird, wenn man
weiter bedenkt, daß von der jüngeren Kritik der Deutschunterricht fast
durchweg pauschal als verbundener Deutschunterricht angegriffen wurde
und daß aus der Kritik die Aufgliederung in Literatur- und Sprachunterricht abgeleitet werden sollte (s.o. S. 65 ff.), dann scheint es notwendig, die Kritik so zu differenzieren, daß die Spielräume sichtbar
werden, die die einzelnen Autoren bei der Spezifikation des allgemeinen
Grundsatzes für den Deutschunterricht genutzt haben. Bereits der Vergleich der Abschnitte zur Gedichterarbeitung in den Methodiken von *E.*
Essen und *R. Ulshöfer* zeigen ja unterschiedliche Spielräume für Lernzielentscheidungen auf spezielleren Ebenen dort, wo eine verbale Übereinstimmung in der allgemeinen Zielsetzung (verstehen und gestalten
sind zu verbinden) besteht.

Mögliche unterschiedliche inhaltliche Füllungen einer allgemeinen
Theorie verdeutlicht ein Schema:

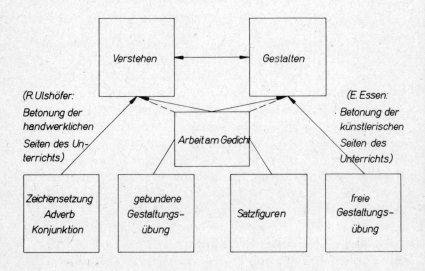

Die Analyse kann aber nicht nur verschiedene inhaltliche Füllungen all-
gemeiner Lernzielformulierungen, sondern auch die *Zirkel*struktur der
Transferbehauptungen offenlegen: Allgemeine Aussagen über die Natur
(Rhythmus) und über den Menschen (verstehen und gestalten) sind niemals

verstehbar, ohne die Gedanken an spezifische Sachverhalte, selbst wenn
diese Gedanken noch unausgesprochen sind. Die scheinbar lineare Ableitung des spezielleren Ziels aus dem allgemeineren fixiert nur *einen*
"Denkschritt". Das, was unter "Rhythmus", was unter "verstehen" und "gestalten" verstanden wird, ist bereits abhängig von vorgängigen speziellen Zielentscheidungen.

3. Die Funktion der Isolierung von Lernzielaspekten

Aus der bisherigen Kenntnis der Lehrpläne, Didaktiken und Methodiken für
den Literaturunterricht, auch aus der allgemeindidaktischen und der bildungspolitischen Diskussion wissen wir, daß Entscheidungen auf verschiedenen Ebenen der Allgemeinheit kaum je für alle Aspekte unseres Lernzielmodells (s.o. S. 11 ff.) fallen.

Zwar werden Formulierungen über die Auswahl der Inhalte noch verhält-
nismäßig häufig mit Überlegungen über zugeordnete Umgangsformen verknüpft. Man entwickelt etwa eine Gedichtmethodik oder eine Dramenmetho-
dik. Die Literaturwissenschaft dient oft als Vorbild. - Auch Aussagen
über die allerdings nur vage gekennzeichnete Interessenlage werden mit
Aussagen über die Auswahl von Inhalten und über die Auswahl von Umgangsformen verbunden (s.o. S. 77 ff.). - Sehr selten ist die Zuordnung von
Aussagen über die Unterrichtsorganisation, wenn man von einigen Vorschlägen zur Gruppenarbeit mit literarischen Großformen (Roman, Drama)
und zur Organisation des Literaturunterrichts in Lehrgängen (*Ivo:* Pro-
jektform; *Helmers:* Lehrgang i.e.S.) einmal absieht.

Durchgängig gilt, daß dadurch die Entscheidungsfelder für Lernzielentscheidungen auf verschiedenen Ebenen von Autoren auf wenige Beding-
ungsfaktoren reduziert sind und daß durch diese Reduktion die tatsächlichen Entscheidungsspielräume in aktuellen Entscheidungssituationen
verdeckt bleiben. Bestimmen etwa allgemeine Entwicklungstheorien Lernzielentscheidungen auf verschiedenen Ebenen, dann können ohne Rücksicht
auf die Unterrichtsinhalte und auf die Umgangsformen mit Literatur Spielräume für die *Organisation* des Unterrichts folgendermaßen festgelegt
werden:

"Behält der Lehrer in der Unterstufe meistens die Führung, so wird er
sich in der Mittelstufe, in der die Diskussion bereits eine Unterrichts-
form ist, zurückhalten. In der Oberstufe sind dann Diskussion, Debatte
und Rundgespräch wesentliche Mittel zur Erarbeitung des Stoffes" (Lehrplan Niedersachsen, Gymnasium, *1965*, [2]*1966*, S. 34).

Ohne die vorherige Reflexion auf ein differenziertes Entscheidungsfeld
schränken auch die Autoren, die sich an bestimmte fachwissenschaftliche
Theorien der Interpretation und des literarischen Werkes mit ihren vorgegebenen allgemeinen und spezifischen Kategorien und mit ihren Gewichtungen anlehnen, die Spielräume für die *Grobplanung* und für die *Fein-
planung* des Unterrichts ein. Diese Art der Verengungen ist besonders
typisch für die Didaktik von *Helmers* (s.o. S. 35 ff.), für die allerdings die Isolierung von Teilaspekten (methodische Überlegungen, didaktische Überlegungen u.a.) *auch* ein methodisches Prinzip ist. Lernziele
für den Literaturunterricht werden von ihm über folgende Argumentation
eingeschränkt:

"Die einzelnen *Elemente des literarischen Lehrplans* ergeben sich primär
aus der Frage nach den Elementen der literarischen Struktur. Hier ist
die Didaktik auf die Literaturwissenschaft angewiesen ... Weil Dichtung
auf grundlegende Weise sich aus den drei Dichtungsgattungen konstituiert,
laufen drei Stränge des literarischen Lehrplans gleichberechtigt auf allen Bildungsstufen nebeneinander: die *lyrische Bildung* führt zur Lyrik
(Versdichtung), die *epische Bildung* führt zur Epik (Erzähldichtung), die
dramatische Bildung führt zur Dramatik (Rollendichtung). Jede der drei
Dichtungsgattungen gliedert sich in verschiedene Dichtungsarten" usw.
(*Helmers 1966, 5. Aufl.*, S. 300).

Dabei hat *Helmers* (neben *Ivo*) als einziger Autor das Problem der Lernzielformulierung theoretisch abgehandelt, und er hat zumindest ansatzweise den Versuch gemacht, eine Explikation des allgemeinen Lernziels
für den Literaturunterricht vorzuführen, um über diese Explikation zugleich mehrere Aspekte des allgemeinen Lernziels zu präzisieren. Aber
bereits der erste Ansatz der Explikation enthält einen Fehler, der für
die Didaktik insgesamt charakteristisch ist. Der Abschnitt über den Literaturunterricht beginnt:

"*Lernziel* der literarischen Bildung ist das selbständige Verstehen von
Literatur. In dieser Zielangabe sind die Begriffe "Literatur" und "Verstehen" zu erläutern (*Helmers 1966, 5. Aufl.*, S. 295).

Daß *Helmers* übersehen hat, daß in seiner eigenen Formulierung neben den
Begriffen der "Literatur" und des "Verstehens" auch der allgemeine Begriff der "Selbständigkeit" zu präzisieren wäre, ist keine Äußerlichkeit: Die Überlegungen, die sich gewöhnlich an die Präzisierung dieses
Begriffes anknüpfen, sind ja Überlegungen zur Organisation von Lernprozessen, die sich, isoliert von speziellen Annahmen über die Adressaten und isoliert von hypothetisch ausgewählten Inhalten nicht ent-

wickeln lassen. Da im aktuellen Unterricht immer organisatorische Entscheidungen fallen, ist die Verdeckung dieser Problematik zumeist mit
der Anerkennung konventioneller Entscheidungen identisch.

Die durchgängige Isolierung von Lernzielaspekten ist aber auch deswegen zu kritisieren, weil sie zu bestimmten *zirkel*haften Argumentationen
zwingt, die nicht offengelegt werden: Mit der Isolierung der Aspekte
wird der ursprünglich definierte Basisbereich der didaktischen Theorie
verlassen. Die Orientierung an einem konventionellen Wissenschaftsbe-
reich (Literaturwissenschaft) ist oft mit der unreflektierten Übernahme
der didaktischen Implikationen der fachwissenschaftlichen Theorie verbunden.

5. Ergebnisse und Konsequenzen

Die Auseinandersetzung mit methodisch-didaktischer Literatur für den
Literaturunterricht erscheint nur dann als sinnvoll, wenn es dabei nicht
darum geht, isolierte Lernziele zu kritisieren, sondern wenn Lernzielkritik aufgefaßt wird als Kritik an den Voraussetzungen, unter denen ein
bestimmter Autor häufig oder durchgängig Lernzielentscheidungen fällt.
So gesehen expliziert die Lernzielkritik die jeweilige didaktische "Theorie" eines Autors. Sie legt den Basisbereich seiner Argumentationen offen. - Solange noch so viele Unklarheiten bestehen über die *Probleme*,
die ihm Rahmen einer Theorie der Erziehung zum Umgang mit Literatur zu
lösen sind, ist es auch nicht sinnvoll, die Aussagen aus Literaturdidak-
tiken so zu behandeln, als wären es Aussagen in wissenschaftlichen Theorien im strengen Sinne.

Es hat sich gezeigt: Solange nicht Analyse und Bewertung von Entscheidungssituationen, in die alle an der Erziehung zum Umgang mit Literatur
Beteiligten hineingestellt sind, Ausgangspunkte des Interesses sind,
bleibt die Didaktik in unreflektierter Abhängigkeit von den jeweils herrschenden Tendenzen in herkömmlichen Wissenschaftsbereichen, bis zu dem
Augenblick jedenfalls, wo diese Wissenschaften selbst die Reflexion auf
die für sie relevanten Entscheidungssituationen wenden.

Da selbst dort, wo Ansätze zu einer situationsbezogenen Didaktik vorliegen, die Entwicklung des Situationsbegriffes noch ganz am Anfang
steht, lassen sich entsprechende Verengungen bei allen Autoren nachweisen. Vor allem wirkt sich der Verzicht auf die Explikation von Wertent-
scheidungen aus. Besonders restringiert werden aber die Spielräume für
Lernzielentscheidungen dann, wenn das Interesse für Lernziel*aspekte*
(bes.: Inhalt und Adressat) das Interesse für *Situationen* ersetzt, in
denen und für deren Veränderung Lernzielentscheidungen getroffen werden.

Literaturdidaktiker müssen künftig ihr Interesse konsequenter auf einige wichtige Probleme richten. Der systemlose Wechsel zwischen Zielanga-

ben auf verschiedene Stufen der Allgemeinheit (bes. über Inhalte und Methoden) täuscht über die wesentlichen Entscheidungen in der Unterrichtsplanung hinweg. Die Bindung der Zielentscheidungen an die selbstverständliche Voraussetzung, daß Literaturunterricht ein Teilbereich des herkömmlichen Deutschunterrichts sei, verkürzt die Argumentationsspielräume unzulässig.

Neue Problemstellungen zeichnen sich in der Literatur auch bereits ab: Systematisch zu verfolgen sind in Zukunft

a) die Frage nach den *geltenden* und nach den *gewünschten Bedingungen für die Steuerung des Prozesses der Lernzielentscheidungen* für den Literaturunterricht

b) die Frage nach der *Relevanz des Literaturunterrichts* im Bereich der gesamten Erziehung (Diese Frage schließt eine sehr allgemeine Beschreibung des Gegenstandsbereichs bzw. der obersten Zielsetzung des Literaturunterrichts ein, auch die Frage nach den Grundsätzen der schulischen Organisation: Gliederung des Gesamtlehrplans nach Kern- und Kurs-, Wahl- und Pflichtveranstaltungen usw.)

c) die Frage nach *relevanten Teilbereichen des Literaturunterrichts* (Diese Frage schließt bereits speziellere Beschreibungen des Gegenstandsbereichs mit entsprechenden Entscheidungen über schulische oder unterrichtliche Organisation ein: Ordnung nach Stufengesichtspunkten, nach Formen der äußeren Differenzierung, nach Hauptorganisationsformen für den Unterricht usw.)

d) die Frage nach der *Konstruktion geeigneter Unterrichtsmodelle*, die den größtmöglichen sinnvollen Grad der Präzisierung von Lernzielentscheidungen erreichen.

Wahrscheinlich wird sich die Entwicklungsarbeit zunächst auf die Konstruktion von Unterrichtsmodellen konzentrieren. Sicher lassen sich von hier aus am ehesten Innovationen des Unterrichts einleiten. Die Korrektur theoretischer Konstruktionen durch die Praxis ist dabei am ehesten möglich. Schließlich läßt sich von hier aus die für die Curriculumtheorie relevante offene Frage nach dem Zusammenhang allgemeiner und spezieller Lernzielentscheidungen adäquat weiterentwickeln[26].

Exkurs: Die Didaktik des Literaturunterrichts in der DDR

Didaktiker und Methodiker des Literaturunterrichts in der BRD (bes. *Helmers* und *Ulshöfer*) haben in den letzten Jahren Positionen der Literaturdidaktik mit "entsprechenden" Positionen verglichen, offenbar zu dem Zweck, bei aller Unterschiedlichkeit durchgängige Momente in der Literaturdidaktik nachzuweisen, möglicherweise sogar, um in der aktuellen Diskussion mit Positionen in der DDR die eigene Position zu stützen. - In der Diskussion um Aufbau und Inhalte des Lesebuchs (seit *1965*) hebt *Helmers* (*1966$_2$*, S. 13; s.a. *1966*, [7]*1972*, S. 364) die Tendenz zum literarischen (nach Gattungen und nach Genres, nicht nach Themen geordneten) Arbeitsbuch in der DDR heraus (s.o. S. 28 f.). Bei der Diskussion um die allgemeinen Ziele des Literaturunterrichts schließt er von analogen Überlegungen aus auf die Ablehnung der moralisierenden gesinnungsbildenden zugunsten der strukturellen Interpretation (*1966*, [5]*1970*, S. 298 ff.) (s.o. S. 33 ff.). Ähnliches gilt für *Ulshöfer*, der nicht nur einen relativen Konsens im literarischen Kanon der BRD und der DDR (*Ulshöfer, Kleiner 1970$_1$*, S. 38 ff.), sondern auch durchgängige Determinanten des Literaturunterrichts (Jugendmäßigkeit, Aktualität, Exemplarisches) heraushebt *(1967)*. Schließlich betont *Helmers* (*1970$_1$*, S. 35) besonders die Systematisierungsansätze in der neuen Lehrplanung der DDR (methodische und fachwissenschaftliche Anleitungen für den Deutschunterricht) als richtungsweisend für die Lehrplanentwicklung in der BRD.

Zwar weist auch *Kolakowsky (1965)* auf die Nähe einer Lesebuchkonzeption in der BRD (*Gerth 1965$_1$*) mit der neuen Konzeption in der DDR hin[27]. Doch bleiben entsprechende vereinzelte Anerkennungen in der DDR zu lesen auf dem Hintergrund von allgemeinen Thesen, wie sie etwa auf dem VII. Pädagogischen Kongress vertreten - von *Priebe (1970)* referiert werden:

"Es wurde der Nachweis geführt, daß es auf keinem Gebiet der Schulpolitik, der pädagogischen Theorie und Praxis irgendwelche Gemeinsamkeiten zwischen Sozialismus und Imperialismus gibt ...
Deshalb gibt es keine Konvergenz, keine "Annäherung" auf irgendeinem Gebiet des gesellschaftlichen Lebens zwischen uns und dem westdeutschen Imperialismus" (S. 388 f.).

Auch *Dreher (1969$_2$*, S. 450) weist in ausdrücklichem Bezug zu *Ulshöfer*
(1967) Harmonisierungstendenzen bei der Beurteilung des Literaturunterrichts in der BRD und der DDR zurück.

Nur wenn man wichtige Zielentscheidungen für den Literaturunterricht
unberücksichtigt läßt, die ein Regulativ für speziellere Zielentscheidungen sind, kann man die Nähe der Konzeption des Literaturunterrichts
in der BRD und der DDR ohne Problematisierungen behaupten. Das ist immer
da der Fall, wo die Autoren bei ihren Vergleichen nicht auf die jeweilige allgemeine gesellschaftspolitische Situation rekurrieren, die eng
zusammenhängt mit der Situation auf dem literarischen Markt (s.o. S. 47,
wo sie also nicht bereits anfänglich mitreflektieren, in welchem Maße
kulturpolitische Entscheidungen, etwa die Durchführung der Bestimmungen
zum literarischen Jugendschutz, speziellere Entscheidungen für den Literaturunterricht bereits orientieren, selbst dann, wenn diese Orientie-
rungen nicht durchgängig beschrieben sind. Die Autoren der "fachwissenschaftlichen und methodischen Anleitungen" für den Literaturunterricht
bzw. die Autoren der Zeitschrift "Deutschunterricht" unterstreichen in
ihren Interpretationen der neuen Lehrplanforderungen, daß der "Bitterfelder Weg", festgelegt auf der 1. und 2. Bitterfelder Konferenz (*1959*
und *1964*), weitergeführt auf dem VII. Parteitag der SED *(1967)*, die
Grundlage aller Entscheidungen für den Literaturunterricht bildet (s.
bes. *Dreher 1969$_1$*; s.a. Fachwissenschaftliche und methodische Anleitung
für den Literaturunterricht Klasse 5, *1968*, S. 7). Das Hauptziel der
kulturellen Entwicklung, Kultur "für das Volk" und "durch das Volk",
ist demnach nur zu erreichen, wenn die Literatur einen "sozialistischen
Inhalt" gewinnt, über den die parteiliche Verbindung von Literatur und
Leben möglich ist. Der sozialistische Realismus erhält in dieser Entwicklung einen besonderen Stellenwert. Zentrum und Ausgangspunkt literaturdidaktischer Reflexionen ist die Frage, wie sich über den Unterricht, über bestimmte Literatur der Zusammenhang von Literatur und Leben
festigen läßt, anders ausgedrückt: wie der Literaturunterricht zum bewußten staatsbürgerlichen Verhalten erziehen kann *(Dreher 1969$_1$)*:

"Die sozialistische Parteilichkeit ist die *bestimmende* Qualität der Literatur des sozialistischen Realismus und nimmt dementsprechend einen
zentralen Platz in der Theorie des sozialistischen Realismus ein ...
Diese Orientierung wird lediglich der objektiven Tatsache gerecht, "daß
es sich bei ästhetisch-künstlerischen Sachverhalten um ideologische Prozesse handelt"" (S. 450).

Wenn die Bestimmung der Unterrichtsziele direkt oder indirekt immer von
der Bewertung der aktuellen "Situation" abhängt (s.o.), dann scheint es
unmöglich, den Stand der Diskussion um die Literaturdidaktik in der BRD
und in der DDR zu vergleichen. Parallelen im literarischen Kanon (s.
Ulshöfer) sagen kaum etwas über parallele Zielorientierungen, die Konzentration auf dem Werk- oder Textbegriff (s. *Helmers*) sagt noch nichts
über die jeweilige Werkästhetik. Wenn Autoren aus der BRD und aus der
DDR die Bekanntschaft mit der Situation auf dem literarischen Markt for-
dern, dann wollen sie verschiedene Situationen vermitteln und von verschiedenen Voraussetzungen her bewerten. - Nur wenn man sich nicht auf
allgemeine verbale Übereinstimmungen, sondern auf die Bestimmung von
neuen Einsichten oder Akzentverlagerungen stützte, wäre ein vorsichtiger Vergleich möglich. Erst dann ließe sich zeigen, ob "Wissenschaftlichkeit im Unterricht", ob die Verbindung von Literatur und Leben, ob
die Berücksichtigung von Tradition und Gegenwart, von Nationalliteratur
und Weltliteratur im Unterricht bei verschiedenen Autoren Ähnliches be-
inhaltet.

Akzentverlagerungen sind ablesbar aus den seit 1965 schrittweise entwickelten und eingeführten "präzisierten" Lehrplänen für den Deutschunterricht, die durch die "neuen" Lehrpläne abgelöst werden. Sie sind ablesbar aus den zugehörigen "fachwissenschaftlichen und methodischen Anleitungen" und den neuen Lesebüchern, schließlich aus den Grundsatzauf-
sätzen in der Zeitschrift "Deutschunterricht" und in den Jahrbüchern
des DPZI *(Marnette/Wittig 1968, Dreher 1969$_2$, Sallmon/Rumland/Bütow
1969/70, Marnette 1969, Bütow 1970).*

"Die Gliederung des Buches folgt dem Aufbau des präzisierten Lehrplans.
Die Anordnung der Texte nach Themenkreisen entsprach nicht dem fachspezifischen Charakter des Lese- und Literaturunterrichts und wurde deshalb im neuen Lesebuch aufgegeben" (Fachwissenschaftliche und methodische Anleitung für den Literaturunterricht Klasse 5, *1968*, S. 9).

Der Aufbau des neuen Lehrplans, der fachwissenschaftlichen und methodischen Anleitungen und des neuen Lesebuchs nach gattungstheoretischen
Gesichtspunkten zeigt ganz sicher die bedeutsamste Neuerung in der Didaktik des Literaturunterrichts, zugleich aber auch der Literaturauffassung
an.

Ein größerer Spielraum für die Interpretation des Begriffs der Parteilichkeit deutet sich an, wo betont wird, daß niemals "bei der Behand-

lung eines literarischen Werkes oder einer Stoffeinheit" "eine oder mehrere Grundüberzeugungen als Ganzes gewonnen werden" können , daß eine solche Auffassung dem "Wesen" literarischer Werke widerspricht (*Sallmon u.a.*
1970, S. 3). Auf diesem Hintergrund ist auch der Stellenwert verständlich, den die in der DDR für die Abiturstufe ausgewählten Autoren aus
der BRD (*Böll, Hochhuth, Weiss, v.d. Grün, Valentin*) haben sollen (s.
dazu *K. Höpcke 1970*).

   Auf keinen Fall enthalten diese Akzentverschiebungen die Legitimation
für eine formalistische Behandlung der Literatur im Unterricht. Das zeigen die zahlreichen Aussagen über die notwendige Parteilichkeit des Lehrers bei der Suche nach den "erzieherischen Potenzen" der jeweiligen
Literatur, das zeigen gattungsspezifische didaktische Überlegungen (fachwissenschaftliche und methodische Anleitungen, s.a. *Schütt 1971*), das
zeigt auch die folgende Erläuterung zum literaturkundlichen Arbeitsbuch:

> "Keineswegs dürfen wir literaturkundliches Wissen einseitig als Kennt-
> nis von Arten, Kategorien, Regeln der Poetik auffassen; vielmehr sollen
> die Schüler aus der lebendigen, schöpferischen Auseinandersetzung mit
> dem Lesegut vor allem die Beziehung der Literatur zur Wirklichkeit, den
> Klassencharakter und die erzieherische Kraft der Literatur erleben und
> begreifen" (*Strietzel 1970*, S. 488).

Alle literaturpädagogischen Überlegungen in der DDR gehen von der Übereinstimmung literaturpädagogischer und literaturwissenschaftlicher Positionen aus:

> "Die Spezifik des LUs (Literaturunterrichts) ergibt sich aus den Beson-
> derheiten der Kunstgattung Literatur und der Literaturwissenschaft, aus
> ihrer Stellung und Funktion in unserer sozialistischen Gesellschaft"
> (*Marnette 1969*, S. 633).
> "Die Zielbestimmung des LUs ist auf Grund des komplexen Charakters der
> Kunstgattung Literatur schwierig. Denn die Literatur vereinigt in ihrer
> spezifischen künstlerischen Gestaltung Komponenten der Politik, der
> Ideologie, der Geschichte, der Moral und der Philosophie in sich" (ebd.,
> S. 638).

Die theoretische Unterscheidung zwischen "'rohen' Inhalten" der gesellschaftlichen Umwelt und "pädagogisch aufbereiteten" Inhaltsstrukturen
in Lehrplänen (s.*Drefenstedt* u.a. *1969*, S. 26; s.a. *Dietz 1965*, [2]*1969*,
S. 79 ff.) ist in literaturdidaktischen Zusammenhängen eingegangen in
die These, daß die "fachliche Analyse und Interpretation des literarischen Textes" "der eigentlichen Erarbeitung der Zielstellung und der
darauf aufbauenden Planung vorausgehen" muß (fachwissenschaftliche und
methodische Anleitung für den Literaturunterricht Klasse 5, S. 34).

Ausgeschlossen sind danach Standpunkte, die die "Eigenständigkeit" der
Literaturpädagogik gegenüber der Literaturwissenschaft betonen. Stattdessen scheinen entsprechende Aussagen über die Legitimierung von Zielsetzungen auf die durchgängige Abhängigkeit der Literaturpädagogik von
der jeweils herrschenden Literaturwissenschaft hinzuweisen. - Es darf
aber nicht der Wechselbezug zwischen beiden übersehen werden. Es darf
nicht übersehen werden, daß - im Gegensatz zu formal ähnlichen Positionen
in der BRD - eine gemeinsame allgemeine Zielorientierung von Literaturwissenschaft und Literaturdidaktik bereits vorgängig reflektiert bzw.
daß der funktionale Zusammenhang beider Wissenschaftsbereiche auf dem
Hintergrund einer allgemeinen Konzeption der gesellschaftlichen Entwicklung akzeptiert ist.

Seit Beginn der generellen Lehrplanvision in der DDR ist der Begriff
der "Zielorientierung" (s. *Dietz 1965*, [2]*1969*) - hier liegt ein Ver-
gleichspunkt zur Lehrplanrevision in der BRD - vor den Begriffen "Inhalt" und "Methode" in den Mittelpunkt gerückt. Das Ziel ist

"das bestimmende und übergreifende Moment innerhalb der grundlegenden
Ziel-Inhalt-Methode-Relation; das heißt, es übt bestimmende Wirkungen
auf den Inhalt und die Methode aus" (*Drefenstedt 1969*, S. 25).

Wenn auch der Begriff der Zielorientierung die Überlegungen zur Literaturdidaktik bestimmt, wenn auch die Frage, wie allgemeine Zielentscheidungen, etwa die Entscheidung für die Verbindung von staatsbürgerlicher
und literarischer Erziehung, sich auf spezielle Unterrichtsentscheidun-
gen auswirken, an Unterrichtsbeispielen versuchsweise beantwortet wird,
wenn auch die *1968* gegründete Forschungsgemeinschaft "Grundfragen des
Literaturunterrichts" beim Wissenschaftlichen Rat des Ministeriums für
Volksbildung die "Methode der Ableitung der Aufgaben, die für die wissenschaftlich einwandfreie Bestimmung der Ziele eines jeden Unterrichtsfaches von großer Bedeutung ist", diskutiert hat (*Marnette 1969*, S. 633),
es fehlt bisher auch in der DDR eine Konzeption der Lernzielbestimmung
für den Literaturunterricht, in der die Frage nach dem Verhältnis von
Literaturdidaktik und Literaturwissenschaft differenziert erörtert werden müßte. Gegenwärtig wird zunächst die Notwendigkeit einer komplexen
interdisziplinären Kooperation betont:

"Die neuen Lehrpläne für das Fach Deutsche Sprache und Literatur sind
wie alle neuen Lehrpläne das Ergebnis einer umfassenden sozialistischen
Gemeinschaftsarbeit. Zahlreiche pädagogische Wissenschaftler, Literar-

und Sprachwissenschaftler, Kulturtheoretiker, Fachmethodiker und vor allem viele erfahrene Lehrer, Schrittmacher und Neuerer im Bereich unseres Unterrichtsfaches waren schöpferisch an der Ausarbeitung der Lehrpläne, an den Begutachtungen und Verteidigungen beteiligt" (*Sallmon* u.a. *1969*, S. 625).

Die Integration literaturdidaktischer Überlegungen in die moderne Lehrplandiskussion hat aber dazu geführt, der Einteilung von "Bildungs- und Erziehungszielen" nicht mehr die "Spezifik des Faches" zugrundezulegen, sondern

"die Ziele nach den Hauptergebnissen jedes pädagogischen Prozesses" anzuordnen und "dementsprechend in grundlegende Überzeugungen, Kenntnisse und Erkenntnisse und Fähigkeiten" einzuteilen (*Marmette 1969*, S. 638).

In Lehrplänen, fachwissenschaftlichen und methodischen Anleitungen sowie in den Fragen zu den Lesebuchtexten schlägt sich diese Entscheidung in der größeren Präzision und in dem engeren Bezug zwischen Verhaltens- und Inhaltsbestimmungen in den Zielsetzungen nieder. So heißt es etwa nicht mehr: Die Schüler lernen das Wesen des Märchens kennen, sondern präziser: Die Schüler *erkennen* durch *Vergleich Ähnlichkeiten* zwischen den Märchen. Allerdings überwiegen insgesamt Präzisierungen im Inhaltsteil der Zielsetzungen (Spezifikationen der Gattungen bzw. Genres bis hin zu Stoffangaben und Angaben wichtiger Stellen) gegenüber Beschreibungen der fachlichen Methodik, vor allem aber gegenüber differenzierten Aussagen über die Unterrichtsorganisation durch Lehrer und Schüler.

Unter den Gesichtspunkten unseres Lernzielmodells (s.o. S. 11 ff.) ist vor allem die Bedeutung wichtig, die die Situationsbeschreibung und Bewertung bei der Begründung der Unterrichtsziele hat. Verallgemeinernd läßt sich dazu sagen: Die Projektion einer allgemeinen gesellschaftlichen (kulturellen) Situation steht durchweg mit der Zielbestimmung in einem engen Begründungszusammenhang. Die allgemeinen Überlegungen von *Dietz (1965, [2]1969, S. 11)* treffen also auch das Selbstverständnis der Literaturdidaktiker:

"Seit einigen Jahren wird im Rahmen der Lehrplantheorie und bei der praktischen Entwicklung neuer Lehrpläne eine umfassende wissenschaftliche Arbeit geleistet, deren Hauptinhalt mit dem Begriff "Zielbestimmung" bezeichnet werden kann. Die Zielbestimmung wurde notwendig durch das immer deutlicher werdende Mißverhältnis zwischen den gesellschaftlichen Anforderungen und den überlieferten Lehrinhalten sowie durch die Enge und Unschärfe der Zielformulierungen in den alten Lehrplänen. Dieses Mißverhältnis wird überwunden, indem die Forderungen der Gesellschaft, die aus dem gegenwärtigen und dem prognostisch eingeschätzten zukünftigen Entwicklungsstand der Kultur, Wissenschaft, Produktion und Technik resultieren, in Bildungs- und Erziehungskonsequenzen umgesetzt werden".

In die Begründung der Ziele nicht einbezogen ist aber die Analyse und Bewertung der individuellen (gesellschaftlich vermittelten) Situation, über die die Widersprüche von Projektion und Realität aufzudecken und über die erst die Entwicklung differenzierter Veränderungsstrategien - aufbauend auf aktuellen Interessenlagen möglich wäre. Immerhin deutet sich die Erweiterung der Argumentationsbasis in der Literaturdidaktik an:

"Inwieweit der Schüler zwischen der Aussage des jeweiligen literarischen Kunstwerkes und seiner eigenen Person Beziehungen herstellt, hängt einmal von den im literarischen Text dargestellten menschlichen Problemen, zum anderen aber auch von seinen individuellen Erfahrungen in der gesellschaftlichen Praxis und vom Stand seines Bewußtseins ab" (Fachwissenschaftliche und methodische Anleitung für den Literaturunterricht Klasse 5; S. 15).

Augenblicklich dominieren dort, wo Zielentscheidungen im Hinblick auf das Individuum begründet werden, teils immer noch alte Phasentheorien der literarischen Entwicklung und stützen die konservierenden Momente bei der Auswahl der Literatur. Teils stützen sich die Entscheidungen auf ein Konzept, das den Lernprozeß als einen Prozeß fortschreitender Differenzierung und Zentralisation auf dem Hintergrund einer bestimmten Werkästhetik beschreibt (s.o. S. 62 ff.).

Nachwort zur 4. Auflage

Die Vorbereitung der Neuauflage eines Buches macht Schwierigkeiten:
Eine gängige Praxis, nach den Lesererwartungen und dem gegenwärtigen
Stand der eigenen Einsichten - soweit man eben dazu fähig ist - den
Ausgangstext umzumodeln, widerspricht einer immer noch von mir akzeptier-
ten Tendenz des Buches selbst. Eine Aktualisierung seines Inhalts kann
durch diesen Weg ohnehin nicht erreicht werden, weil die so erzeugte
Textmischung die Geschichte des Buches zu verheimlichen sucht. Mir
blieb nur die Möglichkeit, den Text Wort für Wort unverändert zu lassen und ihn zu erweitern durch den Versuch der Beschreibung seines in-
tendierten Stellenwerts in der didaktischen Diskussion der vergangenen
Jahre und durch den Versuch, einige Fragen an den Text und über den
Text hinausgehend zu stellen, die aus den Irrtümern und aus der Enge
der eigenen Reflexionen herausführen können.

Daß von der in der Entstehungszeit des Buches (bis 1971) sich abzeichnende Vergrößerung der Handlungsspielräume in der Institution Schule, speziell im Unterricht, nach dem Scheitern der wichtigsten Reform-
versuche, mit den restriktiven finanzpolitischen Maßnahmen im Bildungs-
sektor, bei Lehrerarbeitslosigkeit und überfüllten Klassen, in den
nächsten Jahren wenig bleiben wird, ist kaum noch zu übersehen. Ein
Modell zur Bestimmung der Schule als vollständig abhängiger Herrschafts-
institution reicht zur Erklärung nicht aus: Lehrer, Schüler, Wissenschaftler haben ihre Beteiligung in den staatlich gelenkten Reformkom-
missionen in ihrer Legitimierungsfunktion für den Staat nicht genau genug erkannt. Die Isolierung der Reformer von ihrer Basis, von den durch
Reformen Betroffenen, ist ein Grund dafür, daß die beginnende Restaura-
tion im Bildungswesen so widerstandslos hingenommen wird[28].

Das Scheitern der Bildungsreform in Hessen, bereits deutlich ange-
zeigt mit der Auflösung der "Großen Curriculumkommission", die immerhin
nicht in dem gewohnten Abhängigkeitsmodus zu einer direkt für die Lehrplanung verantwortlichen Kultusbürokratie arbeitete, die Geschichte der
hessischen Rahmenrichtlinien Deutsch und Gesellschaftslehre bis zu dem
Prozeß ihrer lang andauernden Überarbeitung, die fortschreitende Rück-

entwicklung integrierter zu additiven Gesamtschulen, von integriertem
Unterricht in Unterricht im Leistungskurssystem, schließlich die sich
deutlich abzeichnende Rückführung des einmal fortschrittlichen Stufen-
lehrerkonzepts auf seine einfachste Bedeutung als Besoldungsstufenleh-
rer, trifft die im gegenwärtigen Deutschunterricht, speziell im Literaturunterricht liegenden Möglichkeiten zentral[29]. Wie berechtigt auch
die Zweifel daran sind, daß der Deutschunterricht an der Gesamtschule
ein Medium der Herstellung von Chancengleichheit ist, wie verhängnis-
voll sich auch in der Ausbildung von Deutschlehrern und in der Praxis
des Deutschunterrichts an Gesamtschulen (aber nicht nur dort) der einfache Austausch von Inhalten ausgewirkt hat ("Persil" statt "Iphigenie"):
Ein integrierter Literaturunterricht kann Möglichkeiten entwickeln, die
es in einem Schulsystem grundsätzlich nicht geben kann, das sich als
Variante des dreigliedrigen Schulsystems möglicherweise durchsetzen
wird: Die wichtigste: Unter der Voraussetzung, daß es nicht möglich
sein wird, den Anspruch auf Selbstbestimmung als Anspruch aus der Schule
zu vertreiben, enthielte ein integrierter Literaturunterricht für Schüler die Möglichkeit zu erkennen, warum klassen- und schichtspezifische
Erfahrungshorizonte ein deutlich problematisches und unterscheidbares
Verhältnis zur Literatur (i.w.S.) der Vergangenheit und Gegenwart begründen, bezogen nicht allein auf die Inhalte, sondern auch auf die Verfahrensweisen ihrer Aneignung, und durch diese Erkenntnis im Zusammenhang der gesamten Bildungsarbeit ihr Verhältnis zur Gegenwart zu bestimmen. Auch der Lehrer bliebe in einem solchen Lernprozeß Lernen-
der[30].

Zunächst zu einigen neueren Tendenzen innerhalb der Fachdidaktik:
Der seit dem Ende der 60iger Jahre sich abzeichnende Didaktikboom hat
sich in den letzten Jahren weiter fortgesetzt, erkennbar an der Lese-
buchproduktion, an den zahlreichen Aufsatzsammlungen zur Literaturdidaktik (bes.: *Boueke, Brackert/Raitz, Dehn, Dithmar, Vogt, Wilkending,
Wolfrum*), an neuen Reihen (*Metzler:* Projekt Deutschunterricht, Zur
Praxis des Deutschunterrichts; *Diesterweg:* Literatur und Geschichte;
Schwann: Fach: Deutsch; *Scriptor:* Literatur - Sprache - Didaktik), an
der Weiterführung der ersten Ansätze einer historischen Orientierung
der Didaktik des Deutschunterrichts bei *Beinlich, Helmers, Herrlitz,
Roeder* vor allem durch die "Geschichte des Deutschunterrichts" von

Frank, nicht zuletzt: an der Einrichtung von Fachdidaktikprofessuren an Universitäten und anderen wissenschaftlichen Hochschulen.

Die fachdidaktische Diskussion wurde weitergeführt in der Reflexion über einen erweiterten Textbegriff für den Unterricht, in der material- reichen Dokumentation des neuen Verständnisses von Text in Unterrichts- modellen, schließlich in dem Versuch der Definition von *Literaturdidak- tik als Rezeptionsforschung*, die auch das Verhältnis von Leser und Text unter den besonderen Bedingungen der Schule theoretisch bestimmen und empirisch erforschen sollte. - Mit der "Entdeckung" der Tatsache, daß Literaturwissenschaft und Literaturdidaktik als Rezeptionsforschung nicht nur das literarische Werk sondern auch das Verhältnis des Lesers zur Literatur erforschen, schien der gemeinsame Bezugspunkt gefunden, von dem her sich die Frage nach der Abhängigkeit der Literaturdidaktik von der Literaturwissenschaft und der Erziehungswissenschaft endgültig beantworten ließ. Tatsächlich hat aber die Bestimmung des Text - Leser - Verhältnisses als Gegenstand der Literaturdidaktik - *Gadamer* und *Haber- mas*, *Jauss* und *Schmidt* sind die meistzitierten Autoritäten - zu einer Reduktion des Literaturbegriffs ebenso geführt wie zu einer Abwertung der Zielproblematik. So konnte die Lösung der Frage nach der Bedeutung der *literarischen Tradition* im Unterricht in diesem Diskussionsrahmen nicht vorangetrieben werden. - Auch nicht durch das Konzept des *"Bremer Kollektivs"*, das sich seit dem Band 6 des "Projekt Deutschunterricht" (1974) fast ausschließlich mit Fragen der Funktion der Literatur der Vergangenheit im Literaturunterricht befaßt. Die grundlegenden Aufsätze (*Ide/Lecke* in "Projekt Deutschunterricht 7" und *Hildebrandt* in "Didak- tik und Methodik des Deutschunterrichts") führen über die Position von *Grünwaldt* (1970) nicht grundsätzlich hinaus (s.o. S. 57 f.), trotz der Reflexion auf die Schüler als potentielle Subjekte des Unterrichts und bei der Interpretation von Literatur und trotz der Anknüpfung an die Erbe-Diskussion in der Literaturwissenschaft:

"Wenn der klassische Stoff uns auch "nichts zu sagen hat", so kann die Beschäftigung mit ihm dennoch ergebnisreich sein, wofern sie uns heute brauchbare und in gesellschaftlich relevante Praxis umsetzbare Einsich- ten vermitteln kann". (*Ide/Lecke*, S. 1). Diese Aussage soll - am Bei- spiel der Klassik - Ideologiegeschichte als Gegenstand des Literatur- unterrichts begründen. Sie kann es nicht, denn Geschichte und Gegenwart bleiben unvermittelt wie der Begriff der Ideologie. Ideologien bringen ja nicht nur Klasseninteressen zum Ausdruck, die man in der Geschichte

"studieren" kann ("Gesellschaftliche Prozesse kann man zwar in der Gegenwart beobachten, aber nur in deren näheren und ferneren Vergangenheit studieren" (!) (S. 2)), sie sind auch immer Antworten auf geschichtlich-gesellschaftlich hervorgebrachte Bedürfnisse. Von diesen müßte zuallererst die Rede sein und dann von den spezifischen Möglichkeiten der
Literatur (der Kunst, der Massenmedien), in der Vergangenheit wie in der
Gegenwart auf diese Bedürfnisse nicht nur zu "antworten", sondern sie
zugleich zu "befriedigen". In diesem Prozeß sind die Schüler immer einbezogen, in ihm können erst Sozialgeschichte der Literatur, Wirkungsund Rezeptionsgeschichte mehr werden als bloßes angehäuftes Wissen über
die Vergangenheit, kann klassische Literatur selbst Gegenstand des Interesses werden. Der Hinweis auf das Desinteresse der Schüler und der
gleichzeitige Glaube, daß sich dennoch wichtige in Praxis umsetzbare
Einsichten aus der Beschäftigung mit klassischer Literatur gewinnen
ließen, legitimieren eine Praxis, die den Schüler als Subjekt auch dort
noch ignoriert, wo er "Grundbegriffe der Interpretationsmethode wie
'Hermeneutik', 'hermeneutischer Zirkel', 'Erkenntniskritik', 'Aufklärung', 'Idealismus', 'Utopie', 'Applikation'" kennenlernt (S. 25)[31].

In den Projekten des *Bremer Kollektivs* ist Rezeptionsforschung wesentlich Unterrichtsgegenstand, bei *Heuermann u.a.* bestimmt sie Theorie
und Methode zur Erforschung des Literaturunterrichts selbst. Der Anspruch dieser ersten Grundlegung empirischer Forschung im Bereich des
Literaturunterrichts ist hoch: Die "partikularen Tendenzen" sollen "auf
hermeneutischer und erfahrungswissenschaftlicher Grundlage" überwunden
werden (S. 16). So nimmt diese Theorie bei der Explikation eines Grundverhältnisses ihren Anfang, des "Kommunikativen Grundverhältnisses" von
"Sprecher und Hörer bzw. Text und Leser" (S. 17), voraussetzend, daß
"zwischen den allgemeinen Problemen sprachlicher Kommunikation und den
besonderen ihrer Literarisierung kommunikationstheoretisch kein prinzipieller, sondern nur ein gradueller Unterschied besteht" (S. 17). So unbestreitbar notwendig m.E. gerade die empirische Erforschung bestehender
Differenzen tatsächlich verlaufender und im Unterricht gewünschter Verstehensprozesse ist (s. dazu S. 28), sinnvoll sind entsprechende Forschungen nur dann, wenn sie von einer Zielorientierung geleitet sind,
die sich bestimmt aus der gesellschaftlichen Funktion von Literatur und
Schule. Entscheidungen für die Versuchsanordnungen (Auswahl von Unterrichtsgegenständen, Verfahrensweisen) sind sonst rational nicht begründbar. Eine entsprechende Zieldiskussion fehlt bei *Heuermann u.a.*, ist

auch von einem kommunikationstheoretischen Ansatz her allein nicht zu
entwickeln. Das zeigt sich vor allem in der Hilflosigkeit bei der Bestimmung des Stellenwerts der Geschichte (und der Gegenwart) im Rezep-
tionsmodell: "Schließlich ist zu bedenken, daß sämtliche Konstituenten
sowohl auf der Text- als auch auf der Leserseite naturgemäß dem Gesetz
historischer Veränderung unterworfen sind (in der Graphik nicht dargestellt), wobei die generelle Historizität beider Grundfaktoren in prinzipiell zweifacher Weise wirken und erfaßt werden kann: Entweder befinden
sich Text und Leser im Verhältnis einer "Zeitgenossenschaft", ..., oder
aber sie befinden sich im Verhältnis geschichtlicher Distanz ..." (S. 22).
Unter diesen Bedingungen haben "Ideologiekritik" und "Selbstreflexion" -
die Ziele des Literaturunterrichts - nur die Funktion der Explikation der
eigenen Vorurteilsstruktur: "Was dann - auch konkret auf den Fall des Literaturunterrichts bezogen - anzustreben ist, kann nur eine präsumptive
Vernünftigkeit sein, der Versuch also, durch Bewußtmachung und Überprüfung von Vorurteilen, durch Infragestellen dessen, was einen unbewußt bestimmt, eine möglichst hohe Reflexionsstufe zu erreichen" (S. 36)[32].

Die Tatsache, daß in den letzten Jahren der Schüler als Rezipient
oder Leser zum Gegenstand literaturdidaktischer Forschung geworden ist,
leistet ebenso wie die für die Literaturdidaktik übernommene Interpretation der Literaturgeschichte als Sozial- und Wirkungsgeschichte eines
nicht von selbst: die Subjektorientierung des Literaturunterrichts und
der Literaturdidaktik. Ihr Ausgangspunkt ist die Bestimmung der gegenwärtigen Funktionen von Literatur unter den gegenwärtigen institutionellen Bedingungen von Schule und Unterricht im Zusammenhang mit ihrer
Funktionsbestimmung in außerschulischen Institutionen. Solange die Literaturdidaktik daran genug hat, von Literaturwissenschaftlern rezipierte
allgemeine kommunikationstheoretische Modelle zu übernehmen und durch
von Erziehungswissenschaftlern übernommene unterrichtsanalytische Modelle zu erweitern, ohne sich mit den gesellschaftstheoretischen Grundlagen dieser Modelle zu befassen, solange hat sie mit ihrer *Kritik an
der These von der Autonomie der Kunst und von der Autonomie der Schule*
noch keinen neuen Standpunkt gewonnen.

Schleiermacher hat in seinen Vorlesungen aus dem Jahre 1826[33] bei der
Bestimmung der Aufgabe der Erziehung als "Entwicklung der Eigentümlich-
keiten" und der "Tüchtigkeit für die großen sittlichen Gemeinschaften"
einen Widerspruch zu lösen gesucht:

"Es mögen beide Zwecke der Erziehung zusammenfallen oder nicht, so ist
doch jede pädagogische Einwirkung eine solche Ausfüllung eines Lebens-
momentes in dem zu erziehenden Subjekt, welche ihre Richtung zugleich
auf die Zukunft berechnet, und deren Wert in dem besteht, was in der
Zukunft daraus hervorgehen soll. Für die eine Seite ist dieses sehr
leicht einzusehen; denn im Kinde ist, sobald diese Einwirkungen anfan-
gen, noch gar kein Bewußtsein von Staat und Kirche; es kann also auch
für sich eine solche Handlung, die lediglich ihre Beziehung auf Staat,
Kirche usw. hat, nicht wollen. Nun aber will das Kind gewiß in jedem
Moment irgend eine gewisse Lebenstätigkeit. In allen rein pädagogischen
Momenten würde also immer etwas hervorgebracht, was das Kind nicht will,
und jeder überwiegend pädagogische Moment wäre ein hemmender Augenblick. Das unmittelbare Bewußtsein wäre gleich Null. In Beziehung
auf die Entwicklung der eigentümlichen Natur tritt derselbe Fall ein.
Die Eigentümlichkeit ist zwar in keinem Augenblicke gleich Null. Aber
wir werden doch gewiß eine Handlung, die eine Änderung der persönlichen
Eigentümlichkeit des Kindes ist, und eine Handlung, wodurch das noch
nicht in der Erscheinung Gegebene hervorgelockt werden soll, nicht gleich-
setzen können. Das Kind lebt auch in dieser Beziehung ganz in der Gegenwart, nicht für die Zukunft; es kann also in diesem Zweck nicht eingehen
und kein Interesse haben für die Entwicklung seiner persönlichen Eigentümlichkeit. Wir haben demnach in beiden Richtungen einen Widerspruch zu
lösen. Die erziehende Tätigkeit erscheint in beiden Fällen ihrem Gehalte
nach für jeden einzelnen Moment als das, was der Erziehende nicht wollen
kann. Jede pädagogische Einwirkung stellt sich dar als Aufopferung eines
bestimmten Momentes für einen künftigen; und es fragt sich, ob wir befugt
sind, solche Aufopferungen zu machen?" (S. 45f.)? Schleiermacher ver-
neint diese Frage: "Die Lebenstätigkeit, die ihre Beziehung auf die Zukunft hat, muß zugleich auch ihre Befriedigung in der Gegenwart haben"
(S. 48). Und er beantwortet sie weiter durch die in der Entwicklungsge-
schichte des Kindes begründete, sich schrittweise auflösende Verbindung
von Spiel und Übung als denjenigen Beschäftigungsweisen, die der Gegen-
warts- und Zukunftsorientierung des Kindes entsprechen.

Was Schleiermacher als einen jedem institutionalisierten Erziehungs-
prozeß immanenten Widerspruch von Gegenwart und Zukunft, Individuum und
Gesellschaft erfaßt, ist aber mehr als das, was er selbst durch pädagogische Theorie und Praxis aufzulösen versucht und als er überhaupt auf-
lösen kann. Ein autonomes Prinzip pädagogischer Theorie und Praxis

scheint gefunden. Es erweist sich als Ideologie, wenn es die Frage ver-
stellt, ob denn der Widerspruch von Gegenwarts- und Zukunftsorientierung,
Entfaltung des Individuums und Eingliederung in die "sittlichen Gemeinschaften" in einer Gesellschaft überhaupt aufhebbar ist, die den Gleich-
heitsanspruch praktisch aufgegeben hat[34].

Als *Weniger* 100 Jahre danach am Ende der "pädagogischen Bewegung"
in ausdrücklicher Anlehnung an Schleiermachers Theorie der "großen sittlichen Gemeinschaften" oder der "größeren Lebensgemeinschaften" seine
Theorie der Bildungsinhalte" schrieb, war für ihn selbst nicht mehr zu
übersehen, daß diese Gemeinschaften ihre Erziehungsaufgaben nicht (mehr)
ungebrochen wahrnehmen konnten. Auch wenn er *Schleiermacher* beschwörend
zitiert: "Vielmehr dient der Lehrplan dem Staat dazu, 'einen tätigen
Anteil an der Erziehung des Volkes zu nehmen, wenn es darauf ankommt,
eine höhere Potenz der Gemeinschaft und des Bewußtseins derselben zu
stiften'" (S. 24), so urteilt er doch zugleich über die gegenwärtigen
Bedingungen staatlicher Bildungspolitik so: "Der moderne Staat hat nicht
mehr die überlegene Stellung gegenüber den Werten, Weltanschauungen und
den sie verkörpernden Parteien und Gruppen, wie der alte reine Macht-
staat... Besonders groß ist natürlich die Gefahr, daß Lehrplan und
Schule jeweils Machtinstrumente der den Staat beherrschenden Mehrheiten
werden, und jedenfalls erscheint die Kontinuität der Bildungsarbeit
aufs äußerste erschwert" (S. 25). Auch die anderen Bildungsmächte (Wissenschaft, Kirche, Wirtschaft, Beruf, Heimatraum, Elternhaus) sind
"keineswegs in sich geschlossen, ihrer Ziele und Mittel sicherer", oder
sind unfähig, ihre "sozialpädagogische Verantwortung" voll wahrzunehmen
(s. S. 27 und S. 44). Angesichts der großen gesellschaftlichen Umwälzun-
gen, die zur Zerstörung von Lebenszusammenhängen und zur Zerstörung von
gültigen gesellschaftlichen Zielorientierungen geführt haben, begründet
Weniger die Schule als eine selbständige Bildungsmacht "gegenüber dem
Leben außerhalb der Schule und gegenüber den Bildungsmächten innerhalb
der Schule" (S. 41). Schule wird zu einem Ort, in dem Gegenbilder zur
Wirklichkeit produziert und gelebt werden können. Arbeitsschule (nicht
Produktionsschule) und Lebensgemeinschaftsschule sind für ihn der schul-
reformerische Ausdruck dieses Zusammenhangs, Erlebnisunterricht, Arbeits-
unterricht, Gemeinschaftsarbeit die neuen "pädagogischen" Prinzipien.
"Die Schule als Arbeitsschule entwickelt einen geschlossenen Arbeitszu-
sammenhang, in dem die Jugend sich in Stufen steigender Teilhabe der

Welt bemächtigt und schließlich zu einem relativ abgeschlossenen Zusammenhang von Lebenserfahrungen geführt wird" (S. 42). Indem die Schule (auch) "absehen darf von der grausamen Realität des Lebens "wie es ist"" (S. 43), kann ihr selbst die "Vorwegnahme" eines "lebendigen" "Bildes der Zukunft", des "Bildungsideals" gelingen (S. 45)[35].

Was in Wenigers Theorie an falschem Bewußtsein zum Vorschein kommt, ist aber nicht die Vorstellung, daß durch radikale Erneuerung der Schule auch Rückwirkungen auf die Wirklichkeit außerhalb der Schule möglich sind. Diese Vorstellung ist - für sich genommen - nicht weniger wahr oder falsch wie die, daß Schule die außerschulische Wirklichkeit zu repräsentieren habe. Wichtiger ist dies: Wenigers Konzept der relativen Autonomie der Schule enthält eine antiwissenschaftliche Komponente (nicht Kritik an der zeitgenössischen Wissenschaft): "Das Arbeitsverfahren der Schule ist nicht die Methode der Wissenschaft, sondern eine selbständige Organisation des Lebensverständnisses und des Lebensverhaltens" (S. 41). Diese Vorstellung begründet letztlich seinen ahistorischen Begriff von Schule, der bei ihm nicht einschließt die Reflexion auf die konkret geschichtlichen Bedingungen, unter denen sich die relative Autonomie der Schule in sehr unterschiedlicher und höchst problematischer Weise "entwickeln" kann. Indem Weniger nicht die Frage stellt und beantwortet, was es denn heißt, einen Begriff von der Autonomie der Schule zu entwickeln angesichts von Massenarbeitslosigkeit und Lehrerarbeitslosigkeit, angesichts der Tatsache, daß die Schule die Organisation einer Massenerziehung übernommen hatte, kann er weder einzelne Momente seiner Reformvorstellungen in ihren Konsequenzen erfassen noch die Notwendigkeit eines praktisch politischen Engagements erkennen.

Am klarsten hat das wohl der schärfste Kritiker geisteswissenschaftlicher Pädagogik, *Wenigers* Zeitgenosse *S. Bernfeld* erkannt[36], der 1927 in seiner Schrift "Nur die Schüler können die Schule retten!" seine Gedanken einer politisch arbeitenden "Schulgemeinde" aus der Zeit vor dem ersten Weltkrieg wieder aufgreift und der die gegenwärtige Situation der Schule so bestimmt: "Es kommt jetzt nicht auf die Modernisierung des Geschichtsunterrichts an, nicht auf die Abschaffung des Griechischen, nicht auf die Öffnung der Schule für "begabte" Proletarier, nicht auf die Herabsetzung des Schulgeldes, sondern ausschließlich auf das eine: ohne einen Augenblick Verzug muß die Macht der Reaktion, das ist die Macht der reaktionären Studienräte, und des antiquierten Systems in der höheren Schule, gebrochen werden". Denn: In den höheren Schulen wächst "die Schwarze Reichswehr von morgen und übermorgen heran" (S. 381f.).

Bernfelds Absage an das Konzept der "inneren Reform" in Zeiten höchster politischer Gefahr enthält implizit seine radikale Kritik an der Didaktik (bes. als Fachdidaktik), die er im "Sisyphos" entwickelt hat, einer Didaktik, die nicht ihren Ausgangspunkt nimmt bei der Reflexion auf die durch die Institutionalisierung des Lernens notwendige Trennung von Lernen und Leben, die meint, Einsichten über die Lernfähigkeit von Kindern gewinnen zu können, indem sie säuberlich abgetrennte Bezirke "Lesen, Schreiben, Rechnen" usw. einfach voraussetzt (S. 29).

Nun kann man *Weniger* sicher zuallerletzt den Vorwurf machen, daß er seinen Begriff der Didaktik in dieser Weise eng gefaßt habe, nur ist in seinem Versuch der Aufhebung der Trennung von Lernen und Leben in der Institution Schule selbst das, was *Bernfeld* erkannt hat, in seinen letzten Konsequenzen nicht durchdacht: "Die Institution Schule ist nicht aus dem Zweck des Unterrichts gedacht und nicht als Verwirklichung solcher Gedanken entstanden, sondern ist da, *vor* der Didaktik u n d g e g e n s i e (Sperrung: G.W.). Sie entsteht aus dem wirtschaftlichen-ökonomischen, finanziellen - Zustand, aus den politischen Tendenzen der Gesellschaft; aus den ideologischen und kulturellen Forderungen und Wertungen, die dem ökonomischen Zustand und seinen politischen Tendenzen entsprangen" (S. 27). Weil Weniger bei der Diskussion der Möglichkeit der Aufhebung der Trennung von Lernen und Leben die Frage eliminiert hat, ob das Ziel der geschichtlichen Entwicklung auch die Aufhebung der Institution Schule selbst sein kann, kann er nicht zu einer richtigen Einschätzung der gegenwärtigen Aufgaben der Pädagogik kommen, ist sein Konzept der relativen Autonomie der Pädagogik falsch, ist Bernfelds Kritik gerade auch eine Kritik dieses Konzepts: "Nicht das ist also der Vorwurf, daß die Pädagogiker große und edle Ziele haben, sondern daß sie die Erziehung - ungeprüft - zur Vollstreckerin dieser Ziele machen. Daß sie nicht fragen: Ist dies ewige Menschideal erreichbar? Uns erreichbar? Durch Erziehung erreichbar?. Erst nach Bejahung der drei Fragen wäre die dritte zu stellen: Durch das von mir erfundene Mittel" (S. 39f.)?

Es geht hier nicht darum, Bernfelds eigene Lösungsversuche zu diskutieren. Wichtig ist, daß seine Kritik in einer Zeit, in der die von ihm kritisierte Pädagogik als erledigt angesehen wird, weiter Gültigkeit hat, denn sie trifft jeden Versuch der Entwicklung einer Fachdidaktik ebenso wie alle Versuche empirischer fachdidaktischer Unterrichtsforschung, wirft Fragen auf, die auch an jedes neuere Schulreformmodell zu richten sind, das von sich beansprucht, den Gegensatz von Lernen und Leben wo nicht aufzuheben so doch zu "mildern".

Bernfelds Kritik verweist auf eine Aufgabe, nämlich die, in der Erkenntnis der gegenwärtigen institutionellen Bedingungen von Schule und Unterricht diese selbst umzudenken, sie verweist auf die Aufgabe, das gegenwärtige Lehrer- und Schülerbewußtsein zu erforschen, um herauszufinden, welche Möglichkeiten es innerhalb der Institution Schule heute geben kann, zumindest die Erinnerung an die Notwendigkeit der Aufhebung der Trennung von Lernen und Leben wachzuhalten. (Bernfelds Gedanke der Schülergemeinde geht freilich weiter.) Dies schließt aber auch ein - und hier kann eine "Fach"didaktik ihre besonderen Aufgaben wahrnehmen - die Arbeit an der Frage, unter welchen Vermittlungsbedingungen Lerninhalte selbst Potenzen entwickeln können, diese Erinnerung zu erhalten und die geschichtlichen Bedingungen zu erkennen, die die Aufhebung der Trennung von Lernen und Leben verhindern.

Am entschiedensten hat neuerdings *Wawrzyn* die *Bindung der Zieldiskussion* für den Literaturunterricht *an die Reflexion der objektiven Widersprüche der Gesellschaft* (S. 13) gefordert und sich damit zugleich gegen das Abkoppeln der speziellen Unterrichtsziele vom "emanzipatorischen Bildungsziel" gerichtet (S. 102)[37]. Die von Wawrzyn entwickelten Bildungsziele, die subjektive und objektive "Distanzierung vom Verwertungsprinzip" reflektieren den Widerspruch von Kapital und Arbeit im Spätkapitalismus ebenso wie die Potenzen der Kunst und Literatur, auf die in diesem Widerspruch hervorgebrachten Bedürfnisse zu antworten (darin liegt die besondere Leistung seiner Arbeit): "Aber hat das wirklich noch etwas mit Literatur zu tun? Entfernt sich der Unterricht hier nicht ungehörig von seinem Gegenstand? Nein. Im Gegenteil. Kunst macht Konfliktpotentiale namhaft. Sie verhandelt unterprivilegierte Lebensbereiche, Bedürfnisse, die unter dem Prinzip der Kapitalverwertung, unter dessen formalisierender Gewalt zu kurz kommen. Sie erzeugt diese Unterprivilegiertheit nicht. Die bürgerliche Kunstrezeption mißbraucht Kunst zur

scheinrealen Ausfüllung des Weggefallenen. Gemalt, gesprochen, gesungen
soll Kunst z.B. Natur ersetzen, die weltweit an Blei, Öl, Strontium,
Beton zugrunde geht. In der bürgerlichen Rezeption ist Kunst wesentlich
als Ersatz Gegenstand des Interesses und der Förderung. Als Ersatz in
der zwangsweisen Hoffnunglosigkeit sind Literatur, Film, Hörspiel noch
Gegenstand des Schulunterrichts. Symbolisch sollen sie für das ent-
schädigen, was das Verwertungsprinzip uns vorenthält. Literaturunterricht hat daher auch die Aufgabe, diese bürgerliche Form der Kunstrezeption, die sich mit scheinrealen Entschädigungen zufrieden gibt, durch
eine neue materialistische Rezeption zu ersetzen" (S. 107f.). In seiner
Vermittlung von Kunst und Wirklichkeit - auch über den Begriff von
Kunst müßte man reden - scheint mir dennoch eines besonders fraglich,
nämlich dies, daß es möglich sein soll, den Begriff der "materialisti-
schen" ebenso wie der "bürgerlichen Rezeption" auf die Aneignungsweisen
von Literatur *in unserer Schule* zu beziehen, besonders fraglich jedenfalls, wenn man davon ausgehen muß, daß ja die Rezeption von Literatur
in der Schule selbst dem Verwertungsprinzip unterliegt. Die Note für
die Interpretation ist nur ein Ausdruck dessen. - Es käme also darauf
an, deutlicher noch als Wawrzyn dies tut, in die Frage nach den Möglichkeiten für die Realisierung des Bildungsziels die Frage nach den widersprüchlichen schulischen Bedingungen ihrer Realisierung aufzunehmen[38].

Auch *Merkel* (und *Richter*) - sie orientieren sich übrigens ähnlich
wie *Wawrzyn* an *Kluge/Negts* Analysen von "Öffentlichkeit und Erfahrung"
(s. Anm. 38) - tun dies nicht. Aber sie führen die auch von Wawrzyn
gestellte Frage nach dem Subjekt der Literatur in einer für die Literaturdidaktik wesentlichen Weise weiter, indem sie das Kind als konkret
historisches Subjekt mit seinen spezifischen, aber verallgemeinerbaren
geschichtlichen Erfahrungen zum Bezugspunkt des Reflexionszusammenhangs
über "Märchen, Phantasie und soziales Lernen" machen: Ausgehend von
Freuds Begriff der Phantasie als notwendigem Produkt einer nicht be-
friedigenden Realität fragen sie weiter nach

- der in die "individuelle Unterdrückung" eingegangenen "gesellschaftlichen Unterdrückung"
- den "spezifischen (d.h. klassen- und geschichtsspezifischen) Inhalten" der Phantasietätigkeit

- der möglichen Funktion der Phantasie als "praktischer Kritik" (nicht
  nur als Produkt) "elender Verhältnisse" (S. 12f.).

So versuchen sie die Entwicklung eines Zusammenhangs von "Volksliteratur", "Massenliteratur", "Kinderliteratur", von Kompensation und Kritik.
Ein Ziel der Arbeit von Merkel und Richter ist es, an der Entstehungs-
und Rezeptionsgeschichte des Märchens zu zeigen, warum das Märchen (als
Volksmärchen) in der bürgerlichen Erziehung (als Kindermärchen) seinen
"sozialen Sinn" oft bis zur Unkenntlichkeit verändert hat, daß die
realistischen Elemente im Märchen als solche nicht mehr erfaßt werden
können, und daß gerade dies die besondere Wertschätzung des Märchens
in der Literaturpädagogik bestimmte. Andererseits erlaubt ihre Analyse
nicht nur, vorsichtige Vermutungen über die Reaktivierung der Potenzen
von Volksmärchen anzustellen, sondern vor allem - ausgehend von den ge-
schichtlich-gesellschaftlichen Bedingungen für Märchenproduktion überhaupt und ausgehend von den Spezifika märchenhafter Erzählweise - Kri-
terien für eine neue Kinderliteratur zu entwickeln, die Bauelemente aus
dem gegenwärtigen gesellschaftlichen Erfahrungsbereich der Kinder nimmt
und Bedürfnisse, Wünsche und Ängste von Kindern phantastisch so verar-
beitet, "daß sie nicht untergehen". Kinderliteratur soll mithelfen,
nach Möglichkeiten der Veränderung der Realität zu suchen "und, wo dies
vorläufig einsehbar nicht geht, sie so zu "sublimieren", daß die Hand-
lungsfähigkeit des Kindes nicht geschwächt, sondern gestärkt wird"
(S. 113)[39].

Für die Einbeziehung der auch von Wawrzyn und Merkel/Richter vernach-
lässigte Frage nach den *widersprüchlichen institutionellen Bedingungen
der Vermittlung von Literatur im Unterricht* gibt es in literaturdidaktischen Konzeptionen bisher kaum Ansatzpunkte.
Eine Ausnahme bildet der Aufsatz "Projektunterricht als didaktisches
Problem" von *Dingeldey*, die am Beispiel der Projektmethode einen insti-
tutionenbezogenen Lernbegriff zu entwickeln versucht und dabei - anknüp-
fend an *Negts* Begriff des exemplarischen Lernens - Bedingungen formuliert, die Erkenntnis im Unterricht erst möglich machen. Auf jeden Fall
ist ihr Entwurf geeignet, die Schwächen vorliegender Projektentwürfe zu
durchleuchten, doch ist er kaum darauf angelegt, die besonderen Probleme
einer *Literatur*vermittlung im Unterricht zu lösen[40].

Bereits der Titel des Aufsatzes "Literatur in der Schülerschule" deutet
an, daß es auch *Geiger/Vogt* um die Vermittlung von subjektiver und ob-
jektiver Seite des Lernprozesses, von Lerninhalt und Lerninstitution
geht. Der Aufsatz enthält Überlegungen zu einem künftigen Lesebuch, das
an "bewußten Interessen" der Schüler wie an deren "unreflektierten sozialen Selbsterfahrungen" anknüpft, aus denen ein Bewußtsein erst zu
entwickeln ist (S. 302). *Geiger/Vogt* schlagen vor, mit der Sozialisa-
tionsthematik das Institutionenproblem selbst zum Gegenstand des Unterrichts zu machen: "Diesen Sozialisationprozeß also hätte ein interes-
senorientierter Unterricht vor allem anderen zu thematisieren und zu
problematisieren. Das allgemeine Ziel dabei wäre etwa so zu skizzieren:
dem Schüler muß jener Prozeß, den er tagtäglich an sich erfährt, als
gesellschaftlicher bewußt gemacht werden; er muß die beteiligten Instan-
zen (das sind längst nicht mehr Familie und Schule allein), ihre spezifischen Sozialisationsziele und -methoden analysieren lernen und schließlich die Frage ergründen, in wessen Interesse diese Sozialisation erfolgt" (S. 305). Nun wird es sicher unmöglich sein, den institutionellen Vermittlungszusammenhang von Literatur im Unterricht in einer literaturdidaktischen Position zu verarbeiten, ohne in ihr die Forderung
nach der Reflexion eben dieses Zusammenhangs im Unterricht selbst aufzu-
greifen. In seiner relativen Ausschließlichkeit scheint mir aber der
Sozialisationsprozeß als Leitgesichtspunkt für die Auswahl von Unterrichtsinhalten zu eng, weil er noch nicht bezogen ist auf spezifische
Möglichkeiten des Lernens im Umgang mit Literatur, wie sie von *Wawrzyn*
und *Merkel/Richter* entwickelt werden.

Gegen die *"Ansätze zur Didaktik des Literaturunterrichts"* ist unter
anderem als Einwand formuliert worden, der für mich zentrale *Situationsbegriff* sei nicht "exakt genug definiert" worden (*Röttger* in *Boueke* 1974,
S. 49). - Meine bisherigen Überlegungen zu Voraussetzungen einer Literaturdidaktik sollten deutlich machen, daß in der Tat im Situationsbegriff die Problematik des eigenen Ansatzes liegt. Allerdings kann diese
Problematik nicht durch eine "exakte Definition" des Situationsbegriffs
aufgelöst werden. Eine solche ist unmöglich. Sie kann nur durch den Versuch gelingen, einen geschichtlich begründeten Zugang zu grundlegenden
Fragen zu gewinnen, der es zuläßt, bei der *Explikation des Situations-*

begriffs in verschiedenen fachdidaktischen Konzepten - als eine solche
Explikation sehe ich u.a. die "Ansätze" an - zugleich ihre objektive
gesellschaftliche Funktion zu bestimmen. Dies ist eine Vorarbeit für die
Ausarbeitung eines eigenen Standpunkts.

Ein solcher konsequenter Zugang fehlt in den "Ansätzen", trotz der
versuchten historischen Rekonstruktion wichtiger Phasen der Differenzierung von Allgemeiner und Fachdidaktik (s. bes. S. 19ff.) und trotz
des Versuchs der Verklammerung des Institutionenproblems mit Problemen
der Entwicklung einer Literaturdidaktik (s. bes. S. 22ff., S. 41f.,
S. 64ff., S. 68ff.). Ein solcher konsequenter Zugang hätte die Funktion,
das Ziel der Erziehung zusammenzudenken mit vergangenen und gegenwärtigen Möglichkeiten institutioneller Vermittlung von Bewußtseinsinhalten,
innerhalb derer die Vermittlung von Literatur besondere Aufgaben wahrnehmen kann. Einige Gedanken dazu habe ich in den letzten Seiten zu entwickeln versucht.

Letztlich ging es darum, deutlich zu machen, warum der Literaturdidaktiker einen eigenen substanziellen Beitrag zur Interpretation des
allgemeinen Ziels der gesellschaftlichen und individuellen Entwicklung
leisten kann und muß, indem er bei der Entfaltung der widersprüchlichen
Bedingungen der Vermittlung von Literatur im Unterricht die gegenwärtigen Wirkungsmöglichkeiten auch innerhalb der Institution erforscht. Literaturdidaktik muß sich auf die allgemeine Legitimationsproblematik
einlassen. Die *Autonomiediskussion* wie die Diskussion um *Situations-
und Lernzielbestimmung* greifen in diese allgemeine Problematik ein.

Ein Beispiel für die Verdeutlichung ihres Zusammenhangs in der Literaturdidaktik: In der Geschichte der Pädagogik wurde die Rechtfertigung
ihrer Autonomie (als Theorie und Praxis) gekoppelt an die Forderung
nach Sicherung des "Eigenrechts" des Kindes gegenüber dem Erwachsenen.
Pädagogik sollte dieses Eigenrecht wahren. In der Geschichte des Literaturunterrichts und der Literaturdidaktik ist dieselbe Rechtfertigung
vermittelt mit der Frage nach altersspezifischen Lesebedürfnissen, mit
dem Versuch der Entwicklung einer eigenen Kinder- und Jugendliteratur.

Die von Reformpädagogen (bes. *Wolgast, Köster* u.a.) formulierte Kritik an der minderen ästhetischen Qualität der eigens für Kinder herge-
stellten und zugeschnittenen Literatur und die Kritik der Literaturpädagogik an den immanenten Zielen einer an entwicklungspsychologischen
Phasentheorien orientierten Literaturdidaktik (bes. *Beinlich*, vgl. S.

77f) sind ein wichtiges Moment für die Selbstreflexion der Literaturdidaktik. Sie nimmt aber in ihre Kritik noch nicht auf die Kritik an
der in den Phasenlehren impliziten "Anthropologie des Kindes", die allein Gegenstand einer sich autonom interpretierenden Pädagogik bleibt.
- Auch die Einbeziehung von Untersuchungen über schichtspezifische
Leseinteressen führte in diesem Punkt nicht weiter (bes. *Dahrendorf*,
vgl. S. 47ff., S. 77). Die grundsätzliche Problematik der Isolierung
der "Welt der Kinder" aus der "Welt der Erwachsenen" wird noch nicht
erfaßt.

Erst *Merkel* und *Richters* Analyse von Bedingungen der Märchenrezeption führt hier weiter (s.o.). In ihr liegt die objektive Funktion einer
Literaturdidaktik offen, die Volksliteratur - aus dem sozialgeschicht-
lichen Entstehungszusammenhang herausgelöst - als spezifische Kinderliteratur (für ein besonderes Alter) interpretiert, einer Literaturdidaktik, die sich an der Geschichte des "Volkes" ebensowenig interessiert
zeigt wie an der Geschichte, auch der Lebensgeschichte von Kindern, in
die die Märchenrezeption eingreift.

Heydorn hat die Geschichte der Isolierung eines scheinbar zeitlosen
Wesens des Kindes als notwendiges Moment der Geschichte der bürgerlichen
Gesellschaft begriffen, die mit fortschreitender Aufgabe des eigenen
bürgerlichen Selbstverständnisses bis in die spätbürgerliche Zeit hinein Kindheit als eine eigene Bewußtseinsform fortschreitend von sich ab-
setzt. "Kindheit wird zum letzten Residuum der zerstörten Träume des
Menschen" (S. 65). Nicht nur das Leben von Proletarierkindern, auch das
Leben von Bürgerkindern widerspricht dem Bild, das die bürgerliche Gesellschaft vom Kind entworfen hat: "Die gesellschaftlichen Ängste nehmen von der Kindheit Besitz, zeichnen sie von Beginn an; nur die Zucht,
der sich das bürgerliche Kind unterwerfen mußte, versprach zugleich
Aussicht. Das proletarische Kind war ohne diese Aussicht, es litt dumpf
unter den Widersprüchen, ohne eine Pubertät, mit der uns die Vorstellung
in das Unbestimmte fortträgt... Es gibt keinen Raum der Kindheit, der
für sich selbst existiert. Ist auch der Widerspruch zwischen bürgerlicher
und proletarischer Kindheit vermindert, obzwar stets weiter vorhanden,
so ist die Auslieferung, die Kindheit kennzeichnet, als menschlich und
intellektuell ohnmächtigstes Opfer der Gewalt, nicht geringer geworden.
Der Auflösungsprozeß der Familie schreitet mit dem Verlust ihrer sozialen Funktion unaufhaltsam fort, sie wird zum Kristallisationspunkt kol-

lektiver Neurosen, die die funktionelle Gesellschaft aus ihrem Verkehr drängt. Erst heute wird Kindheit vollends in die Technologie einbezogen, der Mensch wird mit seiner Geburt auf bisher unbekannte Weise von der Gesellschaft erreicht" (S. 66).

"Kindheit" heißt auch bei Heydorn "Anfang", aber "Neuanfang", ein Zeichen für die Möglichkeit, in der Zukunft die geschichtliche Determination zu durchbrechen. Im Kind die Zukunft zu sehen, setzt aber voraus, "daß das Auge geöffnet, die wirkliche Welt angeeignet wird, um sie hinter uns zu lassen. Marx setzte sich für Kinderarbeit ein, weil er wußte, daß die Überwindung der Gesellschaft in ihrem Leibe und mit der ganzen Erfahrung ihrer Widersprüche beginnen muß. Die Erfahrung dieser Widersprüche wird dem Kind nicht erspart; es geht darum, sie so früh als möglich bewußt zu machen, produktiven Schmerz an die Stelle des hilflosen zu setzen" (S. 67f)[41].

Heydorn hat die gesellschaftliche Bedeutung der Subjektorientierung der Erziehung erläutert und begründet. Von seinem Ausgangspunkt her erweist sich, daß der Begriff der "gesellschaftspolitischen Situation" (S. 20, S. 22) und der Begriff der "Unterrichtssituation" (S. 10f) in den "Ansätzen" zu eng und unvermittelt gefaßt sind. Von diesem Ausgangspunkt her ist aber der Begriff der *Lebenssituation* interpretierbar, ohne daß er verengt im Sinne Robinsohns verstanden werden müßte, so wie ihn *Brackert* kritisiert[42] und wie ihn *Baumgärtner* praktisch anwendet (vgl. S. 51). Es zeigt sich aber auch, warum weder *Ivos* Begriff der "kulturellen Gesamtsituation" (vgl. S. 36) oder der des "literarischen Lebens" (vgl. S. 43), noch *Dahrendorfs* Begründungen des schichtspezifischen Leseverhaltens (vgl. S. 47ff.) in diesen Zusammenhang hineinführen. Dennoch ist die Unterscheidung ihrer Positionen hinsichtlich der inhaltlichen, verhaltens-, adressaten- und organisationsbezogenen Aspekte ihrer Zielorientierungen keine Äußerlichkeit. Die Differenzierungen erlauben es, die Beurteilung einer fachdidaktischen Position umso konsequenter unter die Frage nach der Subjektorientierung des Lernprozesses zu stellen.

Die von mir vorgeschlagene weite Fassung des Lernzielbegriffs scheint mir auch von diesem Ausgangspunkt her begründet (vgl. S. 10ff. und Anm. 37) gegenüber einem Lernzielbegriff, der sich auf die Entwicklung des Zusammenhangs von Inhalts- und Verhaltenskomponente beschränkt.

Ausgehend von einer Kritik neuerer Tendenzen in der Literaturdidaktik und von der Frage nach der relativen Autonomie der Erziehung habe ich zu begründen versucht, warum der Literaturdidaktiker (selbstverständlich in der Zusammenarbeit und in der Auseinandersetzung mit Fachwissenschaftlern, Erziehungswissenschaftlern, Gesellschaftswissenschaftlern) nicht darauf verzichten darf, die Frage nach dem allgemeinen Ziel der gesellschaftlichen und individuellen Entwicklung gerade da zu seiner eigenen zu machen, wo er die besonderen Aufgaben der Literaturdidaktik bestimmt. Diese Frage erleichtert nicht nur die Selbstreflexion des eigenen Untersuchungsansatzes fachdidaktischer Positionen und mit ihr eine begründete eigene Positionsbestimmung, diese Frage leitet ebenso über zu den Aufgaben einer Fachdidaktik, die über die kritische Analyse gegenwärtiger Konzeptionen hinausgeht.

Die begründete Verwendung des Begriffs der Unterrichtssituation (als einer konkret geschichtlichen Situation) ist ohne den Versuch der Beantwortung dieser Frage undenkbar. Die Bestimmung der Unterrichtssituation im Literaturunterricht als hermeneutischer Situation ist ohne die Explikation der Widersprüchlichkeit dieser Situation als Situation "institutionalisierten Verstehens" unsinnig.

Anmerkungen

1 *Achtenhagen* kritisiert (S. 16 ff.), daß die auf einem hermeneutischen Konzept basierenden Didaktiken von *Giesecke* und *Helmers* nur vorgegebene Normen bestätigen können.

2 *Achtenhagen* (S. 102) schreibt in Anlehnung an G. *Frey*, Idee einer Wissenschaftslogik – Grundzüge einer Logik imperativer Sätze. In: Philosophia naturalis 1957, S. 434 ff.: "Forderungssätze, wie wir sie in den Lehrplänen vorfinden, sind dann wahr, wenn Existenzaussage, Erfüllungsaussage und Rechtfertigungsaussage (logisch) wahr sind." *Achtenhagen* führt nach *Frey* folgendes (triviale) Muster einer Rechtfertigungsbegründung an (S. 161, Anm. 240): "In der logischen Rechtfertigungsbegründung wird "von einem allgemeinen Rechtfertigungsprinzip auf speziellere Rechtfertigungssätze geschlossen. Z.B.: Aus dem allgemeinen Prinzip, daß alle Gebote Gottes gerechtfertigt seien, und der Aussage, daß die mosaischen Gebote von Gott sind (Glaubenssätze), folgt logisch formal die Rechtfertigung der mosaischen Gebote" (s. *Frey*, S. 460).

3 Daß die Vermittlung "hermeneutischer" und "empirisch-analysierter" Methoden, die *Achtenhagen* in seiner Didaktik fordert, bei der Anwendung seines Modells nicht überzeugend ist, betonen auch die Rezensionen von *H.L. Meyer* (In: Päd. Rds. 1970, 7, S. 586 ff.) und *P. Menck* (In: Vjs. f. wiss. Päd. 1970, 2, S. 156 ff.).

4 Gerade weil ein Hauptinteresse dieser Untersuchung auf die Explikation eines für die Lernzieldiskussion relevanten Situationsbegriffes ausgerichtet ist, scheint eine einengende Definition am Anfang unzweckmäßig. Durchgängig gilt – diese Definition ist notwendig nahezu leer – daß immer dann von "Situation" gesprochen wird, wenn sich ein Subjekt oder mehrere Subjekte bestimmten "Gegebenheiten" gegenüber "verhalten". Zur Verwendung verschiedener Situationsbegriffe in der Situationspsychologie s. *A. Spitznagel*, Die Situation als Problem der Persönlichkeitspsychologie. In: *K.J. Groffmann*, *K.H. Wewetzer* (Hrsg.), Person als Prozeß, Bern 1968, S. 183 ff. – Der Begriff der "Lebenssituation" wurde von *S.B. Robinsohn*, Bildungsreform als Revision des Curriculum, Berlin 1967, [2]1969, zum Bezugspunkt für Lernzielentscheidungen gemacht. Dieser curriculumtheoretische Ansatz ist im Rahmen der hessischen Curriculumrevision modifiziert über den Begriff des "Situationsfeldes" aufgenommen worden. Einen Überblick über den Stand der Curriculumrevision in Hessen gibt *K.C. Lingelbach*, Probleme und Perspektiven der Curriculumentwicklung in Hessen. In: Z.f.Päd. 1971, 1, S. 91 ff.

5 In der repräsentativen curriculumtheoretischen Literatur wird die explizite Kategorisierung von Lernzielen meist entweder nur von *Verhaltens*begriffen her (etwa: *B.S. Bloom* (Hrsg.), Taxonomy of Educational Objectives, Handbook I: Cognitive Domain, New York 1956, [15]1969; *D.R. Krathwohl* (Hrsg.), Taxonomy ..., Handbook II: Affective

Domain, New York 1964, 1969) oder von *Inhalts-* und *Verhaltens*begriffen her versucht (etwa: *R.W. Tyler*, Some Persistent Questions on the Defining of Objectives, Pittsburgh 1964, S. 77 ff.; *R.M. Gagné*, Curriculum Research and the Promotion of Learning. In: Perspectives of Curriculum Evaluation (= AERA Monograph Series on Curriculum Evaluation 1), Chicago 1967, S. 19 ff.; *R. Dave*, Lehrzielbezogene Testanwendung in den einzelnen Unterrichtsfächern. In: *K. Ingenkamp, T. Marsolek* (Hrsg.), Möglichkeiten und Grenzen der Testanwendung, Weinheim 1968, S. 309 ff.). Der *situative* Ansatz steht relativ unverbunden neben diesen Ansätzen (s. höchstens: *K.-H. Flechsig* u.a., Probleme der Entscheidung über Lernziele. In: Programmiertes Lernen 1970, 1, S. 1 ff.

6   Bemerkungen zu diesen Unterrichtshilfen s. bei *H. Müller*, Modelle der Unterrichtsvorbereitung für das Fach Deutsch. In: Der Deutschunterricht 1970, 2, S. 59 ff.; *R. Wenzel*, Wie neu sind die neuen Lesebücher?, Lesebuchkritik II für das Gymnasium. In: *H. Ide* (Hrsg.), Bestandsaufnahme Deutschunterricht, Stuttgart 1970, S. 51 ff.

7   Eine Kritik an den neuen hessischen Lehrplänen und Handreichungen findet sich bei *H. Helmers*, Herstellung und Analyse von Lehrplänen für das Fach Deutsche Sprache und Literatur. In: Der Deutschunterricht 1970, 2, S. 33 ff. Zu den bisher von der Hessischen Curriculum-Kommission entwickelten Projekten s. *K.C. Lingelbach*, Anm. 4.

8   Die Ausdrücke "curricular" und "strukturell" werden hier verstanden wie in der Schrift des Deutschen *Bildungsrates* (Hrsg.), Lernziele der Gesamtschule (= Gutachten und Studien der Bildungskommission 12), Stuttgart 1969.

9   *P.M. Roeder* hat in seiner Rezension: Bemerkungen zu Wolfgang Klafkis Untersuchungen über "Das pädagogische Problem des Elementaren und die Theorie der kategorialen Bildung". In: Die deutsche Schule 1960, S. 572 ff., den Konservativismus-Vorwurf erhoben (S. 576). Er begründet diesen Vorwurf einmal mit *W. Klafkis* Verzicht auf die eingehende historische Analyse der dargestellten Theorien, zum andern mit seinem Versuch, die Zielbestimmung der verschiedenen Schultypen an der "jeweiligen Lebenswirklichkeit ihrer Schüler" zu orientieren.

10   Diskutiert werden zu Beginn der 60ger Jahre vor allem: *J. Derbolav*, Das Exemplarische im Bildungsraum des Gymnasiums, Düsseldorf 1957; *W. Flitner*, Die gymnasiale Oberstufe, Heidelberg 1961; *W. Klafki*, Das pädagogische Problem des Elementaren und die Theorie der kategorialen Bildung, Weinheim 1959, 3./4.1964; *H. Scheuerl*, Die exemplarische Lehre, Tübingen 1958.

11   Neben diesen Bereichen werden von *W. Klafki* genannt: Leibeserziehung, handwerklich-technische Bildung, gesellschaftliche Bildung, wirtschaftlich erdkundliche Bildung, biologische Bildung, sittlich-soziale Bildung. – Im "Strukturplan" (1970) sind z.B. folgende Lernbereichsgliederungen für die Sekundarstufe I vorgeschlagen: Sprache, Mathematik, Naturwissenschaften, Politik, Musik – Bildende Kunst – Literatur, Leibesübungen, Religion, Arbeitslehre.

12   Nur der "Berliner Arbeitskreis Didaktik" schränkt die Relevanz der eigenen Lesebuchanalysen angemessen ein: Es geht lediglich um das Aufdecken bestimmter "Trends", nicht um Behauptungen über die Wirkung der Lesebücher auf die Schüler. S.W. Schulz, Informationen 2 des Berliner Arbeitskreises Didaktik, S. 10 ff.

13   S. neben Aufsätzen in den "Bertelsmann-Briefen" und in "Blickpunkt Schule" die Berichte: Zur Lehrplanrevision für die Sekundarstufe I, Bericht der "Vorbereitenden Kommission", Sonderdruck Reinhardswaldschule 1969, S. 187 ff. (erscheint bei Diesterweg 1971); *K.C. Lingelbach*, Anm. 4, bes. S. 96 f.

14 In einer neueren Auflage der Didaktik ([5]1970) hat *Helmers* einen Abschnitt eingefügt, der sich nur schwer in seine Theorie einordnen
läßt: Er beschäftigt sich mit der Frage, ob nicht die moderne Literaturwissenschaft, die sich primär auf die gesellschaftlichen Funktionen der Kunst richtet, immanent didaktisch ist. Er bejaht diese
Frage, hebt aber den für diesen Zusammenhang relevanten "weiten"
Didaktikbegriff von einem auf den Literaturunterricht beziehbaren
"engeren" Didaktikbegriff ab (S. 305 f.). In neuesten Auflagen werden entsprechende Veränderungen an verschiedenen Stellen zugefügt. -
Helmers reagiert hier auf Kritiken, wie sie etwa von D. *Hardt*, Kritik der literarischen Bildung. In: H. *Ide* (Hrsg.), Bestandsaufnahme
Deutschunterricht, Stuttgart 1970, S. 73, formuliert werden.

15 Die Konsequenzen für den Deutschunterricht erscheinen allerdings
zunächst noch sehr formal: "Nachdem die Nation aufgehört hat, vor-
rangiges Prinzip menschlicher Lebensgestaltung zu sein, und nachdem
andere Wert- und Zielvorstellungen an diese Stelle getreten sind,
ist zu prüfen, welche Folgerungen für das Fach gezogen werden müssen, das seine Ausprägung wesentlich den im Nationalbegriff enthaltenen Wertvorstellungen verdankt. Es liegt nahe, "Nation" durch
"Demokratie" zu ersetzen und die Bedeutung dieses Wandels für die
Aufgaben des Deutschunterrichts zu durchdenken" (S. 57 f.).

16 Diese Formulierung findet sich noch in der Neuauflage [4]1970.

17 *Habermas*, Soziologische Notizen zum Verhältnis von Arbeit und Freizeit (1958). In: *Giesecke* (Hrsg.), Freizeit- und Konsumerziehung,
Göttingen 1968, S. 105 ff., nennt neben der regenerativen und der
kompensatorischen die suspensive Funktion der Freizeit, in der ein
Arbeitsverhalten geübt wird, das von den Zwängen der Berufsarbeit
befreit ist. Durchweg ist in seiner Theorie das Freizeitverhalten
enger auf das Arbeitsverhalten im Beruf bezogen. - S. dazu: Projekt 1 (Urlaub) und Projekt 2 (Wohnen) der Kommission zur Reform
der Hessischen Bildungspläne, Sonderdrucke Reinhardswaldschule 1970.

18 Das gilt vor allem für die Kontroverse zwischen H. *Helmers* und M.
Dahrendorf (WPB 1969, 5). S. dazu G. *Wilkending*, Neue Literatur zur
Didaktik des Deutschunterrichts. In: Z.f.Päd. 1971, 2, S. 243 ff.

19 Im Bildungsplan für das Land Hessen ist die von *Ivo* formulierte allgemeine Zielsetzung für den Literaturunterricht an den Anfang gesetzt (S. 5 f., S. 12 f. usw.): Der Literaturunterricht soll Voraussetzungen schaffen für die kritische Teilnahme am literarischen
Leben der Gegenwart. - In den Vorbemerkungen für den Teil IV (Lite-
raturbetrachtung und literarische Gestaltungsübungen) des Lehrplans
für Schleswig-Holstein wird auf die unterrichtlichen Konsequenzen
des wachsenden Einflusses der Massenmedien hingewiesen: "Der Deutschunterricht muß daher dem Bedürfnis nach plastisch-bildhafter Darstellung entgegenkommen und Aufführungen des Theaters, Films, Fern-
sehens in den Unterricht aufnehmen." "Der Unterricht muß daher - frei
von kulturpessimistischem Akzent - die Rolle der Massenmedien und
ihre Produkte analysieren, d.h. systematische Medienerziehung treiben, damit die Schüler die Mittel kennen, die Absicht durchschauen,
Distanz gewinnen und der Manipulation entgehen" (S. 3). - In den
Vorbemerkungen zum Lehrplan für Niedersachsen heißt es: "Den Erfahrungsbereich des jungen Menschen bestimmen heute nicht nur seine
engere gesellschaftliche Umwelt, sondern zunehmend auch die Massenmedien. In seinen Erkenntnisbereich gelangen auch Einsichten der
modernen Soziologie, Psychologie und Philosophie. Der Deutschlehrer
kann dem jungen Menschen helfen, diese vielfältigen und oft verwir-
renden Eindrücke zu ordnen und zu deuten" (S. 34).

20 Bei *Helmers (1970₂)* heißt es: "Innerhalb dieses großen Bereichs
ästhetischer Literatur erhält die Dichtung didaktisch einen besonderen Platz: einmal, weil vom Zentrum der Dichtung aus kritische
Geschmacksbildung betrieben wird, zum anderen, weil von der ästhetischen Struktur der Dichtung her auch die anderen Bereiche der ästhetischen Literatur verstehbar sind" (S. 79). Bei *Geißler* (1970₁) heißt
es: "Die Prolegomena orientieren sich aus methodischen Gründen an
der poetischen Literatur. Hier scheint mir die Grundlegung am schwie-
rigsten zu sein" (S. 9).

21 Einige Literatur zu diesem Komplex: M. Beaujean, Leser und Lektüre
in der Bundesrepublik. In: Bücherei und Bildung 1970, 4, S. 139 ff.;
A. Beeg, Leseinteressen der Berufsschüler, München 1963; v. Blücher
u.a. (Hrsg.), Jugend-Bildung-Freizeit (= Dritte Untersuchung zur
Situation der Deutschen Jugend im Bundesgebiet, durchgeführt vom
Emnid-Institut für Sozialforschung, im Auftrag der Deutschen Shell),
1966; M. *Dahrendorf*, Das Leseverhalten Hamburger Volks- und Real-
schüler und die Ziele der literarischen Bildung. In: Hamburger Leh-
rerzeitung 1967, S. 292 ff., S. 325 ff. und S. 357 ff.; R. *Fröhner*,
Das Buch in der Gegenwart, Gütersloh 1961; H.-J. *Ipfling*, Jugend und
Illustrierte, Osnabrück 1965; I. *Lichtensteiner-Rother* (Hrsg.), Jugend und Buch in Europa, Gütersloh 1967; L. *Rosenmayr* u.a., Kultu-
relle Interessen von Jugendlichen, Eine soziologische Untersuchung
an jungen Arbeitern und höheren Schülern, Wien 1966. - S. dazu auch
die zahlreichen Artikel in den "Bertelsmann-Briefen", in der "Ju-
gendschriften-Warte" und im "Börsenblatt für den Deutschen Buchhan-
del".

22 *U. Walz* (1970), die Arbeitsformen im Unterricht an der Idee der methodischen Selbständigkeit mißt, Arbeitsformen, "die geeignet erscheinen, literarisches Verständnis, kritisches Reflexionsvermögen
und ein einigermaßen sicheres Urteil beim Schüler zu fördern" (1970,
S. 21), gibt der Gruppenarbeit ein ganz besonderes Gewicht. Die
Aspekte, unter denen selbständiges Arbeiten (Kreativität) im Unterricht betrachtet werden kann (Gespräch, eigene Gestaltung, Spiel),
sind auch aus der Methodik E. *Essens* bekannt. Neu ist die Bestimmung
der Rolle des Lehrers, der hinter den Aufgaben, die sich für die
Arbeit in Gruppen ergeben, mehr zurücktritt. Die Vorschläge von *U.
Walz* bleiben allerdings eingeschränkt durch die enge Orientierung
der allgemeinen Ziele des Literaturunterrichts am Begriff des Text-
verstehens- und der -kritik. Bestimmte Formen der Projektarbeit,
wie sie sich bei einigen Themen *Ivo* denken lassen, geraten nicht in
den Blick. - In der Vortragssammlung von W. *Ritzel* (Hrsg.), Zum
Streit um den Deutschunterricht, wird ein Buch von E. *Essen* ange-
kündigt mit dem Thema "Differenzierung im Fach Deutsch, Theorie
und Praxis" (S. Heft 13 der Ergänzungshefte der Vjs. f. wiss. Päd.,
1970, S. 132).

23 S. dazu auch *W. Dehn*, Zum Problem der Zielformulierung für den Literaturunterricht, Isers Studienmodell und der hessische Bildungsplan.
In: Blätter für den Deutschlehrer, 1970, 4, S. 97 ff.

24 "Operationalisierung" wird hier als Prozeß der Präzisierung allgemeiner Vorstellungsinhalte verstanden. Der Operationalisierungsbe-
griff im strengen Sinne läßt sich auf die behandelten Probleme im
Bereich der Literaturdidaktik nicht anwenden:
"Für die empirische Forschung genügt es nicht, daß die jeweils zentralen Begriffe explizit definiert sind, sondern es müssen darüber
hinaus präzise Anweisungen für Forschungsoperationen gegeben werden,

mit deren Hilfe entscheidbar ist, ob ein mit dem betreffenden Begriff bezeichnetes Phänomen vorliegt oder nicht (bzw. welche Merk-
malsausprägung auf der konzipierten Merkmalsdimension im Einzelnen
vorliegt" (*R. Mayntz* u.a., Einführung in die Methoden der empirischen
Soziologie, Köln Opladen 1969, S. 18).
"Eine operationale Definition ist eine Art von Instruktionensammlung
für den Untersuchenden ... Kurz gesagt, sie definiert eine Variable
oder gibt ihr Bedeutung, indem sie aufführt, was der Untersuchende
tun muß, um die Variable zu messen." (*F.N. Kerlinger*, Foundations
of Behavioral Research, New York 1965, S. 34)
Brodbeck, Logic and Scientific Method in Research on Teaching,
Chicago 1963, S. 42 ff.
Im Bezugsrahmen von Theorien der empirischen Forschung stellen sich
die Probleme der Operationalisierung und des Transfer im Zusammenhang der Frage nach der Validität einer Lernzieldefinition.

25 Mit analogen Argumenten können auch bestimmte Organisationsformen
des Unterrichts der Vergangenheit zugeordnet werden:
"Das heute so sehr empfohlene freie Unterrichtsgespräch hat gewiß
seine Berechtigung; aber es kennzeichnet nicht unser Verfahren.
Das freie Unterrichtsgespräch gehört der Jugendbewegung und der
freien geistigen Schularbeit Gaudigs an. Es setzt aufgeschlossene,
arbeitswillige und redefreudige Schüler voraus. So sind unsere
Schüler heute nicht mehr" (*Ulshöfer* [4]1969, S. 155).

26 Die bisher detaillierteste Erörterung zur Modellkonstruktion stammt
von *K. Giel* und *G.G. Hiller*, Verfahren zur Konstruktion von Unterrichtsmodellen als Teilaspekt einer konkreten Curriculum-Reform.
In: Z.f.Päd. 1970, 6, S. 739 ff.

27 Zwar nennt *E. Kolakowsky* die Konzeption *Gerths* einen "konstruktiven
Vorschlag eines Vertreters der pädagogischen Wissenschaft West-
deutschlands", doch bezweifelt sie, daß die Umsetzung der Theorie
in die "Praxis der Schulbuchverlage und Schulbuchautoren" gelingen
wird. Die Kritik an dem wenig später erscheinenden "Lesebuch 65"
fällt dann auch entsprechend negativ aus. S. *E. Kolakowsky*, Wie
weit darf das Risiko gehen? Das "Lesebuch 65" - Eine Betrachtung im
Jahr 1967. In: Deutschunterricht 1967, S. 287 ff.

28 In seinem soeben erschienenen Buch hat *L. Wawrzyn*, a.a.O., mit Recht
auch den "Prozeß der Selbstverständigung und Vereinheitlichung unter
den Verfechtern fortschrittlicher Positionen" (S. 10) als eine Bedingung für die Erzeugung eines Basisdrucks herausgehoben. Er entwickelt in seinem Buch erstmals die Diskussion um den Doppelcharak-
ter kapitalistischer Reformpolitik im Zusammenhang mit der Diskussion um Chancen für die Demokratisierung des Literaturunterrichts.
(Vgl. *C. Offe*, Strukturprobleme des kapitalistischen Staates, Frankfurt 1972 und die Einführung: *H. Becker* u.a., Das Curriculum, München
1974, bes. Teil III).

29 Zur Geschichte der Bildungsreform in Hessen s.: *Curriculumdiskussion*
(= b:e tabu). Weinheim 1974; *H. Christ* u.a., Hessische Rahmenrichtlinien Deutsch, Düsseldorf 1974; *N. Altenhofer* u.a., Die hessischen
Rahmenrichtlinien für das Fach Deutsch in der wissenschaftlichen
Diskussion, Kronberg 1974.

30 Denkanstöße dazu: *R. Döring* u.a.: Schülerladen- und Obdachlosenkin-
der filmen eine Tankstelle. In: Ästhetik und Kommunikation 20 (1975).
Das setzt nicht etwa voraus, daß die integrierte Gesamtschule, wie
sie gegenwärtig konzipiert und realisiert wird, einen solchen Unterricht verwirklichen könnte. Der Anspruch auf veränderte Inhalte und

veränderte Verfahrensweisen wird aber im Prozeß der Einführung dieser
Schule formuliert; die hessischen Rahmenrichtlinien sind als ein Versuch zu sehen, diesen Anspruch zu konkretisieren. Die Formulierung
dieses Anspruchs ist *ein* Legitimationsmoment für die Einführung von
Gesamtschulen. Er impliziert weitergehende Forderungen an die Organisation institutionalisierten Lernens.
Heydorn sah nur die Unfähigkeit der Gesamtschule, einen eigenen Anspruch zu entwickeln. Er konnte in den Reformkonzepten nur die eine
Seite finden, die Funktionalisierung der Schule für den Verwertungs-
prozeß, und noch sah er im (humanistischen) Gymnasium allein den Ort,
wo sich - gerade aufgrund seiner veränderten soziologischen Basis -
der Widerspruch von institutionalisierter Herrschaft und humanisti-
schem Anspruch auf Selbstbestimmung auf die Spitze treiben ließ.
(H.J. Heydorn, Über den Widerspruch von Bildung und Herrschaft,
Frankfurt 1970).

31 Die für den Literaturunterricht entwickelten ideologiekritischen
Analysen von Massenliteratur und massenmedialer Produktion (des
"Bremer Kollektivs") unterscheiden sich nicht wesentlich von den
Analysen klassischer Literatur, wenngleich das Konsumbedürfnis aus
gegenwärtigen gesellschaftlichen Verhältnissen abgeleitet wird. -
Das gilt auch für die Arbeiten von *C. Bürger*, die bei ihrer Abneigung
dagegen, Unterricht als besonderes Feld gesellschaftlicher Praxis
anzuerkennen, auch die Bedingungen schulischer institutioneller Vermittlung von Literatur theoretisch nicht zu erfassen versucht. So
geht ihr Verständnis von "Motivation" an den Problemen vorbei: "Ebensowenig wie der bloße Hinweis auf das tatsächliche Leseverhalten der
Schüler zur Legitimation der Behandlung von Unterhaltungsliteratur
im Deutschunterricht ausreicht, ebensowenig genügt die Berufung auf
die *Motivation* der Schüler, nicht zuletzt deswegen, weil Motivatio-
nen relativ unstabile Einstellungen sein dürften, die sich oftmals bei
Schülern als Gegenbild zu dem entwickeln, was ihnen von Seiten der
Institution Schule angeboten wird". (Zeitgenössische Unterhaltungsliteratur. Modellanalysen, Frankfurt 1974, S. 5). Vgl. auch: *Dsb.*,
Textanalyse als Ideologiekritik, Frankfurt 1973 und *Dsb.*, Elemente
zu einer kritischen Literaturdidaktik. In: *Tendenzen* der Literaturdidaktik (= Sonderheft der Zeitschrift Diskussion Deutsch), Frankfurt
1974, S. 30ff.

32 Die Problematik dieses Ansatzes zeigt sich mir auch in der relativ
gleichartigen Beurteilung zweier (bei anscheinend gleichem Ausgangspunkt: Kommunikationsmodell) hinsichtlich der Funktionsbestimmung
des Literaturunterrichts so gegensätzlicher Positionen wie der von
H. Kügler, a.a.O., und *G Michels*, Rezeption und Veränderung. In:
J. Vogt (Hrsg.), Literaturdidaktik, Düsseldorf 1972, S. 33ff.) (s.
Heuermann u.a., a.a.O., S. 158ff. und 173ff.). Vgl. auch: *G. Michels*,
a.a.O.

33 *F. Schleiermacher*, Pädagogische Schriften, hrsg. von *E. Weniger*,
Band I, Düsseldorf 1957 ²1966. Weniger wählt die Vorlesungen von
1826 auch deswegen für den Druck aus, weil sie "einen deutlichen
Fortschritt in Richtung auf eine selbständige Entwicklung der pädago-
gischen Gesichtspunkte" darstellen. (S. VIII) Zu Editionsfragen s.
A. VII ff. und S. 407ff.

34 Schleiermachers Versuch der Entwicklung eines eigenständigen Prinzips
der Erziehung zur Lösung des von ihm erkannten Widerspruchs schließt
sich in den Vorlesungen an die Frage an, ob und in welcher Weise
durch die öffentliche Organisation der Erziehung die "angestammte"

oder "bloß persönlich angeborene" Ungleichheit aufgehoben werden kann. Dabei wird deutlich, daß Ziel- und Angelpunkt aller seiner Überlegungen dazu die Sicherung und der Fortbestand des Staates ist: "Wenn der Staat von der Voraussetzung der angestammten Ungleichheit ausgeht, so erregt dies bei den dadurch Begünstigten Gefallen, und diese geraten leicht in den Wahn, daß die Erziehung bei ihnen weniger zu tun habe, und daß alles aus der angestammten Vortrefflichkeit herkomme. Freilich entsteht dann die Notwendigkeit, daß der Staat zuletzt die größere Tüchtigkeit da nehme, wo er sie findet; und dadurch gerät er mit sich selbst in Widerspruch. Dieser Widerspruch gibt dann dem ganzen Staate und dem bürgerlichen Leben mehr oder weniger einen revolutionären oder anarchischen Charakter. Soll dies nun vermieden werden, so kommt alles darauf an, wieviel Spielraum man der öffentlichen Erziehung gibt, und wie von Anfang an die Ungleichheit behandelt wird. Denkt man sich, daß in einem solchen Staate, der aus ungleichen Elementen zusammengewachsen ist, von vornherein nach dem Kanon, die Ungleichheit solle so behandelt werden, daß sie allmählich verschwinde, verfahren würde, so würden jene Reibungen nicht eintreten können. Die Lösung einer großen politischen Aufgabe liegt in nichts anderem als in der richtigen Organisation der Erziehung; alles Revolutionäre aber in der unrichtigen Organisation derselben" (S. 39f.). - Die gesellschaftspolitischen Implikationen dieser Vorstellung werden da noch deutlicher, wo Schleiermacher den ständischen Charakter des Erziehungswesens beschreibt (männliche und weibliche Erziehung, S. 61ff., Erziehung in der Schule, S. 228ff.).

35 Weniger knüpft hier an Diltheys Beurteilung der Dezemberkonferenz über "Fragen des höheren Unterrichts" (1890) an: "Wirkliche Reformen werden nur durch eine stetige schwere pädagogische Arbeit in den Schulstuben vollbracht". (W. Dilthey, Schulreformen und Schulstuben (1890). In: Dsb., Gesammelte Werke, Band VI, Stuttgart 1958, S. 85). E. Weniger, Die Theorie der Bildungsinhalte. In: Handbuch der Pädagogik, hrsg. von H. Nohl und L. Pallat, Band III, Langensalza 1930. Vgl. auch die Neuauflage: Dsb., Didaktik als Bildungslehre, Teil I, Weinheim 1952.

36 S. besonders das Vorwort zur 2. Auflage des "Sisyphos", wo Bernfeld die Funktion dieses Buches in der Auseinandersetzung mit der geisteswissenschaftlichen Pädagogik bestimmt. - S. Bernfeld, Sisyphos oder die Grenzen der Erziehung. Vorwort zur zweiten Auflage (1928). In: Dsb., Antiautoritäre Erziehung und Psychoanalyse 2, Frankfurt 1969, S. 468f.; desb., Nur die Schüler können die Schule retten! In: Ebd., S. 381ff.; dsb., Sisyphos oder die Grenzen der Erziehung (1925), Frankfurt 1973.

37 Wawrzyn unterscheidet "Funktionsziele" des Literaturunterrichts als "Lernziele" vom "Bildungsziel": "Das allgemeine Ziel emanzipatorischen Literaturunterrichts ist gleichwohl nicht als Lernziel angebbar, sondern nur als Bildungsziel im emphatischen Sinne" (S. 102). Diese Unterscheidung gründet er auf die Einsicht in die "Ambiguität des Funktionserwerbs". Es gibt keinen Kanon "emanzipatorischer Lernziele", keinen begrenzten "Stoffumfang emanzipatorischen Wissens" (S. 12). Mir scheint, daß das Festhalten an einem weiten Lernbegriff, der auch das allgemeine Ziel des Literaturunterrichts einschließen kann, gleichwohl begründbar ist - gegen einen "geläufigen" Begriff von Lernen - wenn man auch die Lernziele nicht als isolierte Funktionen denkt, sondern immer als eingebunden in unterscheidbare Lern-, Funktions-, Anwendungszusammenhänge, die es zu beurteilen gilt. (Vgl.

auch: *G. Wilkending*, Lernziel. In: *E. Dingeldey, J. Vogt (Hrsg.)*:
Kritische Stichwörter zum Deutschunterricht, München 1974, S. 193ff.).

38 Auch Negt/Kluge, auf die Wawrzyn sich in seiner Argumentation bezieht
(S. 103), legen mit ihren Überlegungen zur Übertragung des industriel-
len Zeitschemas auf andere gesellschaftliche Bereiche wie die Schule,
diese Weiterführung nahe. (*O. Negt, A. Kluge:* Öffentlichkeit und Erfahrung, Frankfurt 1972, S. 44 ff.).
In diesem Punkt müssen die Überlegungen H. Lethens zum Literaturunterricht erwähnt werden, für den die Feststellung der dem eigenen
Unterricht entgegengesetzten Widerstände mehr bedeutet als das Ein-
geständnis der eigenen Unfähigkeit zu unterrichten. "Identifikation"
und "Verweigerung" stehen im Literaturunterricht im Zusammenhang des
institutionellen Charakters des Vermittlungsprozesses. Hieran geht
die Kritik von Literaturdidaktikern an Lethen vorbei: K. Hildebrandt
kritisiert nur Lethens Identifikations- und Aktualisierungskonzept.
(*K. Hildebrandt*, Literaturunterricht. In: *Bremer Kollektiv*, Didaktik
und Methodik des Deutschunterrichts, Stuttgart 1974, S. 320f.). Vgl.
auch: *C. Bürger*, Elemente zu einer kritischen Literaturdidaktik, Anm.
31, S. 54ff.

39 Merkel und Richter verweisen in diesem Zusammenhang darauf, daß noch
keine Untersuchungen zur Erfassung spezifischer Bedürfnisse von
Kindern vorliegen: "Dabei wäre es freilich nötig, statt von "den"
Kindern zu sprechen, eine genauere klassen- und schichtenspezifische
Differenzierung vorzunehmen. Doch die einschlägigen Arbeiten zur kindlichen Sozialisation entwickeln zwar eine solche Unterscheidung auf
theoretischer Ebene; sie sagen aber noch zu wenig darüber aus, wie
sich klassen- und schichtenspezifische Differenzierungen in dem hier
thematisierten Bereich (Phantasie, psychische Struktur, Lektüre,
Medienverhalten etc.) ausdrücken" (S. 108). (*D. Richter, J. Merkel*,
Märchen, Phantasie und soziales Lernen, Berlin 1974. Zur Kritik s.
J. Richard und *W. Gottschalch* in: Ästhetik und Kommunikation 20
(1975).

40 Dingeldeys Lernbegriff (Lernen geht aus von "konkret lebensgeschicht-
lichen" und zugleich "gesellschaftlichen" Problemen, S. 208) richtet
sich auch gegen solche literaturdidaktische Konzepte, in denen die
Reflexion auf "emanzipatorische Inhalte" die Reflexion auf Aneignungs-
prozesse überflüssig zu machen scheint. Unter diesem Interesse hätte
m.E. die Kritik an der Reihe "Projekt Deutschunterricht" noch schär-
fer ausfallen dürfen. (*E. Dingeldey, Projektunterricht als didaktisches* Problem. In: *H. Brackert, W. Raitz (Hrsg.)*, Reform des Literaturunterrichts, Frankfurt 1974, S. 202ff.).

41 H.-J. Heydorn, Zu einer Neufassung des Bildungsbegriffs, Frankfurt
1972 (dar.: Exkurs: Kindheit).

42 Bei seiner Diskussion des Situationsbegriffes betont Brackert, was
in der curriculumtheoretischen Diskussion gegen Robinsohn bereits
eingewendet wurde, daß der Begriff der Lebenssituation, "der uns so-
viel Empirie und Objektivität verspricht", darüber hinwegtäuscht,
"daß wir bei der Festlegung der situationsbezogenen Qualifikationen
nicht um eine vorherige Bewertung der Situation, in diesem Fall also
eines spezifischen Leseverhaltens, herumkommen" (S. 145). Problematisch erscheint mir aber das, was Brackert selbst unter Situationsbewertung versteht. Denn wenn es ein Ziel sein soll, "etwa im Fall der
Trivialliteratur gegen die Lebenssituation" zu "immunisieren" (S.
144), den Schüler fähig zu machen, "sich kritisch zur eigenen Lebenssituation zu verhalten" (S. 145), wenn Brackert von "Situationen oft-

mals pervertierten Lebens" (S. 150) spricht und von "Formen bereits
pervertierten Bewußtseins" (S. 152), dann scheint mir die von Brackert
selbst betonte Einbettung der Lesesituation in die gesamtgesellschaft-
liche Situation verloren gegangen zu sein. Haltbar bleibt der Begriff
der Situationsbewertung m.E. nur dann, wenn als Zielperspektive entworfen wird: die Reflexion auf Möglichkeiten des eigenen Verhaltens
im Zusammenhang der Reflexion auf die geschichtlichen Konstitutions-
bedingungen der eigenen Situation. Für das von Brackert thematisierte
wichtige Kanonproblem bedeutet das: Die Ausgangsfrage kann nicht sein:
In welchen Lebenssituationen beschäftigt sich welcher Mensch mit welcher Literatur? Eine solche Frage muß systematisch verknüpft werden
mit der Frage nach der Begründung dieser Situation. Erst in diesem
Zusammenhang erhält dann Brackerts Perspektive einer Kanonrevision
als Fruchtbarmachen "geschichtlicher Erfahrung", "wie sie in Literatur ihren Niederschlag findet", *ein* wichtiges Selektionsprinzip.
(*H. Brackert:* Literarischer Kanon und Kanon-Revision. In: *H. Brackert,
W. Raitz (Hrsg.)*, Reform des Literaturunterrichts, Frankfurt 1974,
S. 134ff.)

Literaturverzeichnis mit Texthinweisen

(Die kursiven Seitenangaben beziehen sich auf namentliche Nennungen im Text)

Achtenhagen, F.: Didaktik des fremdsprachlichen Unterrichts, Grundlagen und Probleme einer Fachdidaktik, Weinheim 1969, [2]1971.
Rez.: *P. Menck.* In: Vjs. f. wiss. Päd. 1970, S. 156 ff.
H.J. Meyer. In: Päd. Rds. 1970, S. 586 ff.
S. 7 ff.
Bamberger, R.: Jugendlektüre, Wien 1955.
S. 25, 45.
Bauer, H.: Die moderne Schule im Kampf gegen Schmöker, Plund und Schund, Kulmbach 1957.
S. 55.
Bauer, J.: Prinzipien der Unterrichtsplanung und Unterrichtsvorbereitung in der Literaturdidaktik. In: *U. Walz* (Hrsg.): Literaturunterricht in der Sekundarstufe, Stuttgart 1970, S. 89 ff.
S. 59.
Baumgärtner, A.C.: Bilderbuch und Bildung (1967). Jetzt in: Perspektiven der Jugendlektüre, Weinheim 1969, S. 45 ff.
– Leseerziehung heute (1968). Jetzt in: Ebd., S. 9 ff.
– Einführung in: Klassenlesestoffe, hrsg. Berliner Verband der Lehrer und Erzieher, Berlin 1969[1].
– Literarische Erziehung mit dem Lesebuch "auswahl", Bochum 1969[2].
– Literarischer Unterricht heute. In: *Dsb., M. Dahrendorf* (Hrsg.); Wozu Literatur in der Schule?, Braunschweig 1970[1], S. 12 ff.
– Literaturfeindlicher Deutschunterricht? Eine kritische Analyse westdeutscher Bildungspläne. In: *U. Walz* (Hrsg.); Literaturunterricht in der Sekundarstufe, Stuttgart 1970[2].
S. 29, 33, 40, 50 f., 53, 56, 59 f., 64.
Beer, U.: Literatur und Schund. In: Bücherei und Bildung 1963, S. 160 ff.
S. 55.
Beinlich, A.: Über die literarische Entwicklung der Heranwachsenden. In: Wirkendes Wort 1965, S. 110 ff. und S. 187 ff.
– (Hrsg.): Handbuch des Deutschunterrichts, 2 Bde, Emsdetten (1961) [5]1969 f.
S. 27, 34, 39, 42, 60, 62, 78.
Berg, M.: In: alternative 61 (1968), S. 97.
S. 65, 73.
Bildungsrat (Hrsg.): Lernziele der Gesamtschule (= Gutachten und Studien der Bildungskommission 12), Stuttgart 1969.
– Strukturplan für das Bildungswesen (= Empfehlungen der Bildungs-kommission, 1970.
S. 16, 66, 69 f.

Binneberg, K., Menzel, W.: Modelle für den Literaturunterricht, Braun-
schweig 1970.
S. 59 ff.
Blättner, F.: Die Dichtung in Unterricht und Wissenschaft, Würzburg 1956.
S. 25.
Blankertz, H.: Theorien und Modelle der Didaktik, München 1969.
S. 7, 20.
Bödecker, H.: Das Leseinteresse Jugendlicher von 11 bis 15 Jahren. In:
Jugendschriftenwarte 1957.
S. 42.
Braak, I.: Das Gedicht, Begegnung und Aneignung in der Volksschule,
Kiel [5]1963.
S. 78.
Bürger, C.: Deutschunterricht - Ideologie oder Aufklärung, Frankfurt
1970.
S. 73.
Bütow, W.: Erfahrungen, Probleme, Standpunkte, Einige wichtige Fragen
des Literaturunterrichts aus der Sicht sowjetischer Literaturmetho-
diker. In: Deutschunterricht 1970, 5, S. 261 ff. und 1970,6, S. 322 ff.
S. 93.
Dahle, W.: Neutrale Sprachbetrachtung? In: Das Argument 1968, S. 455 ff.
(überarbeitet in: *H. Ide* (Hrsg.), Bestandsaufnahme Deutschunterricht,
Stuttgart 1970, S. 133 ff.
S. 73.
Dahrendorf, M.: Backfischbücher 1960. In: Jugendschriftenwarte
1961.
- Gibt es eine Literatur für Heranwachsende? In: Bücherei und Bildung
1966, S. 318 ff.
- Leseerziehung oder literarästhetische Bildung? In: Westermanns Päd-
agogische Beiträge 1969[1], S. 265 ff.
Vorwort zu: - (Hrsg.): Das Buch in der Schule, Hannover 1969[2].
- Kriminalgeschichten für die Jugend. In: Jugendschriftenwarte 1969[3].
- Voraussetzungen und Umrisse einer gegenwartsbezogenen literarischen
Erziehung. In: *A.C. Baumgärtner,* *äsb.* (Hrsg.): Wozu Literatur in der
Schule? Braunschweig 1970, S. 27 ff.
S. 33, 37, 40, 43 f., 47 ff., 54 ff., 58 f., 63, 71, 77 f.
Degenkolbe, D.: Über logische Struktur und gesellschaftliche Funktion
von Leerformeln. In: Kölner Zeitschrift für Sozialforschung 1965,
S. 327 ff.
S. 74.
Derbolav, J.: Das Exemplarische im Bildungsraum des Gymnasiums, Düssel-
dorf 1957.
S. 27.
Dietz, B.: Zielorientierung im Unterricht, Berlin 1965 [2]1969.
S. 94 f.
Diskussionsentwurf zur Neuordnung der Lehrerausbildung (= bildungspoli-
tische informationen, hrsg. vom Hessischen Kultusminister 1A/71), 1971.
S. 70.
Doderer, K.: Didaktische Probleme der muttersprachlichen und literari-
schen Bildung. In: Z.f.Päd., Beiheft 3, 1963, S. 63 ff.
- Die Didaktik in ihrem Verhältnis zur Literatur- und Sprachwissen-
schaft. In: *W. Ritzel* (Hrsg.): Der Streit um den Deutschunterricht
(= Heft 13 der Ergänzungshefte eder Vjs. f. wiss. Päd.), 1970, S. 25 ff.
S. 25, 36, 54.

126

Drefenstedt, E., Neuner, G. u.a.: Lehrplanwerk und Unterrichtsgestaltung, Berlin 1969.
S. 94 f.

Dreher, I.: Die sozialistische Nationalkultur ist unser gemeinsames Werk. Zum 10. Geburtstag der 1. Bitterfelder Konferenz. In: Deutschunterricht 1969[1],5, S. 258 ff.
– Literaturtheoretische und politisch-pädagogische Aspekte des Prinzips der sozialistischen Parteilichkeit. In: Deutschunterricht 1969[2], 9, S. 450 ff.
S. 92 ff.

Essen, E.: Methodik des Deutschunterrichts, Heidelberg 1956 [8]1969.
– Zur Neuordnung des Deutschunterrichts auf der Oberstufe, Heidelberg 1965.
S. 26, 29, 40, 58, 65, 73, 76 ff., 82, 84.

Elschenbroich, A.: Dichtung – ein Weg zum Lebensverständnis. In: Wirkendes Wort 1966, S. 330 ff.
S. 25, 27.

Escarpit, R.: Die Revolution des Buches, Gütersloh 1967.
S. 56.

Fachwissenschaftliche und methodische Anleitungen zu den Lehrplänen 1966 ff. (Literaturunterricht), Berlin 1968 ff.
S. 93 f., 97.

Flitner, W.: Die gymnasiale Oberstufe, Heidelberg 1961.
S. 27.

Froese, L.: Zur Freizeitkunde und -erziehung (1962). Jetzt in: *H. Giesecke* (Hrsg.): Freizeit- und Konsumerziehung, Göttingen 1968, S. 187 ff.
S. 41.

Furck, C.L.: Innere oder äußere Schulreform? In: Z.f.Päd. 1967, S. 99 ff.
S. 20.

Gail, A.J.: Der Deutschunterricht und die "pragmatische Konstruktion der sittlichen Lebensordnung". In: *W.L. Höffe* (Hrsg.): Sprachpädagogik – Literaturpädagogik, Frankfurt 1969, S. 26 ff.
S. 19, 39.

Geißler, R.: Prolegomena zu einer Theorie der Literaturdidaktik, Hannover 1970[1].
– Literaturdidaktische Problemstellungen. In: *A.C. Baumgärtner, M. Dahrendorf* (Hrsg.): Wozu Literatur in der Schule?, Braunschweig 1970[2], S. 61 ff.
S. 19, 27 ff., 37, 45 ff., 50, 54 ff., 61 f., 71, 77.

Gerth, K.: Dichtung in der Volksschule. In: Die deutsche Schule 1962, S. 368 ff.
– Gedanken zu einem neuen Lesebuch. In: Die deutsche Schule 1965[1], S. 23 ff.
– Fachwissenschaft und Didaktik im Wahlfach. In: Zur Wissenschaftlichkeit der Lehrerbildung, Essen 1965[2].
– Moderne Lyrik in der Hauptschule. In: *H. Helmers* (Hrsg.): Moderne Dichtung im Unterricht, Braunschweig 1967, S. 91 ff.
– Literaturunterricht heute. In: Die deutsche Schule 1971, 7/8, S. 450 ff.
S. 25, 28 f., 35 f., 54, 59 f., 91.

Gidion, J.: Überlegungen zum Literaturunterricht. In: Neue Sammlung 1970, S. 470 ff.
S. 52.

Giehrl, H.E.: Der junge Leser, Einführung in Grundfragen der Jungleser-
kunde und der literarischen Erziehung, Donauwörth 1968.
S. 25.

Giesecke, H.: Didaktische Probleme der Freizeiterziehung (1967). Jetzt
in: *Dsb.* (Hrsg.), Freizeit- und Konsumerziehung, Göttingen 1968,
S. 219 ff.
S. 8, 41.

Grünwaldt, H.J.: Didaktik des Deutschunterrichts in der Wandlung. In:
H. Ide (Hrsg.): Bestandsaufnahme Deutschunterricht, Stuttgart 1970,
S. 171 ff.
S. 57 f.

Hasseberg, A.: Über die Möglichkeit und Notwendigkeit literaturpädagogischer Tatsachenforschung. In: Jugendschriftenwarte 1955.
S. 43.

Hebel, F.: Literatursoziologie und Deutschunterricht. In: Päd. Provinz
1968, S. 565 ff.
S. 59.

Hegele, W.: Literaturauffassung und Literaturunterricht. In: Wirkendes
Wort 1967, S. 47 ff.
S. 25 f.

Heimann, P.: Erziehung zu einem sinnvollen Kulturverhalten (1957). Jetzt
in: *H. Giesecke* (Hrsg.), Freizeit- und Konsumerziehung, Göttingen
1968, S. 190 ff.
S. 41.

Helmers, H.: Moderne Lyrik in der Volksschule. In: Westermanns Pädagogi-
sche Beiträge 1963, S. 330 ff.
- Sprache und Humor des Kindes, Stuttgart 1965, [2]1972
- Didaktik der deutschen Sprache, Stuttgart 1966, [7]1972
- Lyrische Dichtung in der Grundschule. In: Die deutsche Schule 1966[1],
S. 279 ff.
- Das Lesebuch als literarisches Arbeitsbuch. In: Der Deutschunter-
richt 1966[2], 4, S. 9 ff.
- Zehn Thesen zur literarischen Bildung. In: Westermanns Pädagogische
Beiträge 1969, S. 250 ff.
- Herstellung und Analyse von Lehrplänen für das Fach Deutsche Sprache
und Literatur. In: Der Deutschunterricht 1970[1],2, S. 33 ff.
- Die vier Aufgaben des Literaturunterrichts. In: *A.C. Baumgärtner,
M. Dahrendorf* (Hrsg.): Wozu Literatur in der Schule?, Braunschweig
1970[2], S. 77 ff.
*S. 8, 19, 24, 26 ff., 34 ff., 45, 48 f., 53, 57 ff., 62 f., 65, 67,
71, 73, 75 ff., 81 f., 85 ff., 91, 93.*

Henze, W.: Poetik und Didaktik. In: Wirkendes Wort 1963, S. 345 ff.
S. 26.

Herrlitz, H.-G.: Der Lektüre-Kanon des Deutschunterrichts im Gymnasium,
Heidelberg 1964.
S. 52.

Hoffmann, W.: Literatur in Wissenschaft und Unterricht, Braunschweig 1970.
S. 59.

Höpcke, K.: Zur Situation humanistischer Schriftsteller im staatsmono-
polistischen Bonner System. In: Deutschunterricht 1970, 7/8, S. 391
ff. und 1970, 9, S. 490 ff.
S. 93.

Ide, H.: Zur theoretischen Grundlegung dreier Lesewerke: Lesebuchkritik
I für die Realschule. In: *Dsb.* (Hrsg.): Bestandsaufnahme Deutschunter-
richt, Stuttgart 1970, S. 41 ff.
S. 28, 59.

Ivo, H.: Unzeitgemäßer Literaturunterricht (1964). Jetzt in: Kritischer Deutschunterricht, Frankfurt 1969, [3]1971, S. 7 ff.
- Entwurf einer Systematik grundlegender didaktischer Fragen des Deutschunterrichts (1965). Jetzt in: Ebd., S. 16 ff.
- Grundprobleme der Aufgabenzuweisung für den gymnasialen Deutschunterricht (1966). Jetzt in: Ebd., S. 51 ff.
- Die Einheit von Fachwissenschaft und Didaktik, Anmerkungen zur künftigen Ausbildung von Deutschlehrern. In: Ebd., S. 109 ff. (1969[1]).
- Anmerkungen zu Problemen der Lernzielbeschreibung im Fachbereich Deutsch. In: Ebd., S. 82 ff. (1969[2]).
- Das Lehrgangsprinzip im Deutschunterricht der gymnasialen Oberstufe. In: Ebd., S. 92 ff. (1969[3]).
S. 36 ff., 40, 43 f., 47, 53 f., 56, 59, 61, 67, 71, 73, 77 f., 85 f.
Kayser, W.: Die Wahrheit der Dichter, Hamburg 1959.
S. 25 f.
Kern, P.: Vom Umgang mit moderner Lyrik in der Volksschuloberstufe. In: Die deutsche Schule 1967, S. 378 ff.
S. 60.
Klafki, W.: Das pädagogische Problem des Elementaren und die Theorie der kategorialen Bildung, Weinheim 1959, 3/41964.
- Das Problem der Didaktik (1962). Jetzt in: *Dsb.:* Studien zur Bildungstheorie und Didaktik, Weinheim 10[1]970.
- Muß die Didaktik eigenständig sein? In: Die deutsche Schule 1965, S. 409 ff.
- Zur Diskussion über Probleme der Didaktik. In: Rundgespräch 1967, S. 131 ff.
S. 21 ff., 27.
Kleinschmidt, G.: Theorie und Praxis des Lesens in der Grund- und Hauptschule, Frankfurt 1968.
S. 34.
Kochan, D.C.: Forschung im Bereich des muttersprachlichen Unterrichts. In: Handbuch der Unterrichtsforschung, Band 3, Weinheim 1971, Sp. 2673 ff.
S. 35.
Kolakcwsky, E.: Wie geht es weiter mit den westdeutschen Lesebüchern? In: Deutschunterricht 1965, S. 659 ff.
S. 91.
Kolbe, J. (Hrsg.): Ansichten einer künftigen Germanistik, München 1969.
S. 66, 69.
Lingelbach, K.C., Oberfeld, C.: Jugendbuchforschung im Studium künftiger Lehrer. In: Archiv für Soziologie und Wirtschaftsfragen des Buchhandels VIII, 1969, S. 1891 ff.
S. 25.
Lorbe, R.: Spuren. Elemente der Lyrik im Kinderreim. In: Akzente 1954, S. 280 ff.
S. 63.
Maier, K.E.: Jugendschrifttum, Heilbronn 1965.
S. 54.
Malewsky, A.: Zur Problematik der Reduktion, Stufen der Allgemeinheit in Theorien über menschliches Verhalten (1964). In: *E. Topitsch* (Hrsg.), Logik der Sozialwissenschaften, Köln Berlin 1967, S. 367 ff.
S. 8.
Marnette, H., Wittig, G.: Zur ideologischen Erziehung im Literaturunterricht. In: Pädagogische Wissenschaft und Schule, Jahrbuch des DPZI I, 1968, Band 2, S. 59 ff.
S. 93.

Marnette, H.: Bildungs- und Erziehungsziele des Literaturunterrichts in unserer allgemeinbildenden Schule. In: Deutschunterricht 1969, 12, S. 632 ff.
S. 93 ff.

Minder, R.: Soziologie der deutschen und französischen Lesebücher. In: *A. Döblin* (Hrsg.), Minotaurus, Wiesbaden 1953.
S. 28.

Moderne Literatur in deutschen Lesebüchern (= alternative 45) 1965.
S. 28.

Mollenhauer, K.: Funktionalität und Disfunktionalität in der Erziehung (1968). In: *Dsb.:* Erziehung und Emanzipation, München [3]1970, S. 22 ff.
S. 20, 22.

Nentwig, P.: Dichtung im Unterricht, Braunschweig 1962.
S. 77 ff.

Newe, H.: Der exemplarische Unterricht als Idee und Wirklichkeit, Kiel 1960.
S. 25, 27.

Oerter, R.: Moderne Entwicklungspsychologie, Donauwörth 1969.
S. 62.

Pfeffer, F.: Gesichtspunkte für die Beurteilung und Bewertung des Jugendbuches. In: Probleme der Jugendliteratur, Düsseldorf 1956, S. 111 ff.
S. 25.

Pielow, W.: Dichtung und Didaktik, Bochum 1964 [4]1970.
- Das Gedicht im Unterricht, München 1965.
S. 25, 34, 39 f., 60.

Poethen, W.: Menschliche Grundhaltungen in der Dichtung. In: Wirkendes Wort 1956, S. 293 ff.
S. 27.

Priebe, T.: VII. Pädagogischer Kongreß – "die Grundrichtung für die weitere Gestaltung unseres sozialistischen Bildungssystems ist abgesteckt". In: Deutschunterricht 1970, 7/8, S. 386 ff.
S. 91.

Rebel, K.-H.: Lektürekanon und Lesebuch in der Oberstufe der Gymnasien. In: Neue Sammlung 1969, S. 252 ff.
S. 53.

Roeder, P.M.: Bemerkungen zu W. Klafkis Untersuchungen über "Das pädagogische Problem der Elementaren und die Theorie der kategorialen Bildung". In: Die deutsche Schule 1960, S. 572 ff.
- Zur Geschichte und Kritik des Lesebuchs der höheren Schule, Weinheim 1961.
S. 22 f., 28, 40.

Rombach, Th.: Probleme des Jugendbuches. In: Wirkendes Wort 1954/55, S. 105 ff.
S. 55.

Sallmon, H., Runland, L., Bütow, W.: Grundpositionen des Literaturunterrichts bei der Verwirklichung der Forderung des neuen Lehrplans und der Aufgabenstellung für die staatsbürgerliche Erziehung. In: Deutschunterricht 1969, 12, S. 624 ff. und 1970, 1, S. 2 ff.
S. 93 f., 96.

Sanner, R.: Literarische Bildung im Spannungsfeld von Fachwissenschaft und Fachdidaktik. In: *W.L. Höffe* (Hrsg.): Sprachpädagogik – Literaturpädagogik, Frankfurt 1969, S. 133 ff.
S. 19, 39 ff.

Schablin, C.: Ist ästhetische Erziehung durch Dichtung möglich? In: Wirkendes Wort 1963, S. 361 ff.
S. 27.

130

Scheuerl, H.: Die exemplarische Lehre, Tübingen 1968.
  S. 27.
Schulz, B.: Literarische Erziehung in der Grund- und Hauptschule, Frankfurt 1965 [2]1968.
  S. 25.
Schulz, W.: Das Lesebuch als Darstellung der Welt. In: Information 2 des Berliner Arbeitskreises Didaktik, Berlin 1961.
  S. 28, 40.
Schütt, U.: Staatsbürgerliche Erziehung ist immanenter Bestandteil des Literaturunterrichts. In: Deutschunterricht 1971, 1, S. 22 ff.
  S. 94.
Schwencke, O. (Hrsg.), Literatur in Studium und Schule, Loccumer Experten-Überlegungen zur Reform des Philologiestudiums (I), Loccum 1970.
  S. 69.
Seiffert, H.: Muß die Pädagogik eigenständig sein? Essen 1964.
  – Muß die Didaktik eigenständig sein? Eine Antwort an W. Klafki. In: Die deutsche Schule 1966, S. 174 ff.
  S. 21 ff., 23.
Skorma, H.J.: Moderne Literatur in didaktischer Sicht, Weinheim 1965 [2]1968.
  – Dichtung als Lebenshilfe. In: Päd. Rds. 1963, S. 30 ff.
  S. 26, 34.
Spieler, A., Thamm, N.: Literaturunterricht im 5.-11. Schuljahr, Eßlingen 1968.
  S. 24 f., 45, 76, 81.
Stolte, H.: Drei Aspekte des Literaturkundlichen Unterrichts. In: Päd. Rds. 1961, S. 92 ff.
  S. 25, 27.
Strietzel, H.: Das Profil des muttersprachlichen Unterrichts im Spiegelbild einiger Lese- und Literaturbücher aus sozialistischen Ländern. In: Deutschunterricht 1965, S. 461 ff.
  – Zum Funktions- und Gestaltungswandel des Lesebuchs. In: Deutschunterricht 1970, 9, S. 482 ff.
  S. 14, 94.
Ter-Nedden, E.: Zur literarischen Erziehung in der Hauptschule, Donauwörth 1969.
  S. 45.
Teschner, W.P.: Didaktik und Organisation des Deutschunterrichts an der Gesamtschule Berlin, Braunschweig 1968.
  S. 73.
Thiel, M.: Das Bilderbuch. In: *M. Dahrendorf* (Hrsg.), Das Buch in der Schule, Hannover 1969, S. 58 ff.
  S. 64.
Topitsch, E.: Über Leerformeln, Zur Pragmatik des Sprachgebrauchs in Philosophie und politischer Theorie. In: *Dsb.* (Hrsg.): Probleme der Wissenschaftstheorie, Wien 1960[1], S. 233 ff.
  – Zeitgenössische Bildungspläne in sprachkritischer Betrachtung. In: *O.W. Haseloff, H. Stachowiak* (Hrsg.), Schule und Erziehung, Berlin 1969[2], S. 124 ff.
  S. 75.
Ulshöfer, R.: Bekämpfung der Comics. In: Der Deutschunterricht 1961, 6, S. 31 ff.
  – Methodik des Deutschunterrichts, Stuttgart, Band 1, [4]1969, Band 2, [7]1968, Band 3, [5]1968.
  – Der Literaturunterricht in beiden Teilen Deutschlands, in Frankreich und in Schweden. In: Der Deutschunterricht 1967, 1, S. 5 ff.

Kleiner, A., Vergleichende Übersicht über den Lektürekanon in
den beiden Teilen Deutschlands. In: Der Deutschunterricht 1967, 1,
S. 38 ff.
S. 25 ff., 29, 55, 58, 65, 73, 77 ff., 81 ff., 91 ff.
Weber, E.: Die Freizeitgesellschaft und das Buch, München 1967.
– Die Bedeutung des Lesens für die Freizeit junger Menschen. In:
A.C. Baumgärtner, M. Dahrendorf (Hrsg.): Wozu Literatur in der Schule?,
Braunschweig 1970, S. 120 ff.
S. 25, 41 f., 43 f., 47, 50, 54, 77 f.
Wenzel, R.: Wie neu sind die neuen Lesebücher? Lesebuchkritik II für das
Gymnasium. In: *H. Ide* (Hrsg.): Bestandsaufnahme Deutschunterricht,
Stuttgart 1970, S. 51 ff.
S. 28, 53.
Wilhelm, Th.: Theorie der Schule, Hauptschule und Gymnasium im Zeitalter
der Wissenschaften, Stuttgart 1967 [2]1969.
S. 22.

Ausgewählte Literatur (Nachtrag zur 4. Auflage)

Bibliographien, Handbücher

Bibliographie Deutschunterricht. Ein Auswahlverzeichnis, zusammengestellt
von *D. Boueke* u.a., Paderborn.
Bibliographie zur literarischen Erziehung, Gesamtverzeichnis 1900 bis
1965, zusammengestellt von *H. Schmidt*, Zürich 1967.
Das *Bilderbuch.* Geschichte und Entwicklung, hrsg. von *K. Doderer* und
H. Müller, Weinheim 1973.
Kritische Stichwörter zum Deutschunterricht. Ein Handbuch, hrsg. von
E. Dingeldey und *J. Vogt*, München 1974.
Lesen. Ein Handbuch, hrsg. von *A.C. Baumgärtner*, Hamburg 1973.
Lexikon der Kinder- und Jugendliteratur, hrsg. von K. Doderer, Band I,
Weinheim/München 1975.

Geschichte

H.J. Frank: Geschichte des Deutschunterrichts. Von den Anfängen bis
1945, München 1973.
E. Peters: Nationalistisch-völkische Bildungspolitik in der Weimarer
Republik, Weinheim 1972

Literatur- und Forschungsberichte

H. Heuermann u.a.: Literatur und Didaktik I. Berichte und Kommentare,
Göttingen 1973.
M. Markefka, B. Nauck: Zwischen Literatur und Wirklichkeit, Neuwied/
Berlin 1972.

Sammelbände

D. *Boueke (Hrsg.):* Deutschunterricht in der Diskussion, Paderborn 1974.

H. *Brackert, W. Raitz (Hrsg.):* Reform des Literaturunterrichts. Eine Zwischenbilanz, Frankfurt 1974

W. *Dehn (Hrsg.):* Ästhetische Erfahrung und literarisches Lernen, Frankfurt 1974.

R. *Dithmar (Hrsg.):* Literaturunterricht in der Diskussion, Teil I, Kronberg 1973, Teil II, Kronberg 1974.

Ideologiekritik im Deutschunterricht (= Sonderband der Zeitschrift Diskussion Deutsch), Frankfurt 1972.

W. *Pielow (Hrsg.):* Theorie und Praxis im Deutschunterricht, München 1975.

Zur *politischen Dimension* des Deutschunterrichts (= Sonderband der Zeitschrift Diskussion Deutsch), Frankfurt 1973.

Projekt Deutschunterricht 7. Literatur der Klassik I, hrsg. von H. *Ide* und B. *Lecke,* Stuttgart 1974.

D. *Richter, J. Vogt (Hrsg.):* Der heimliche Erzieher. Kinderbücher und politisches Lernen, Reinbek 1974.

Tendenzen der Literaturdidaktik (= Sonderband der Zeitschrift Diskussion Deutsch), Frankfurt 1974.

J. *Vogt (Hrsg.):* Literaturdidaktik, Düsseldorf 1972.

G. *Wilkending (Hrsg.):* Literaturunterricht, München 1972.

E. *Wolfrum (Hrsg.):* Taschenbuch des Deutschunterrichts, Esslingen 1972.

Kritik der Literaturdidaktik, literaturdidaktische Konzeptionen

K. *Binneberg:* Grundlagen eines Curriculums Sprache und Literatur, Weinheim 1973.

V. *Broweleit u.a.:* Grundlagen der Reform des Deutschunterrichts, Köln 1975.

Bremer Kollektiv: Didaktik und Methodik des Deutschunterrichts, Stuttgart 1974.

M. *Dahrendorf:* Literaturdidaktik im Umbruch. Aufsätze zur Literaturdidaktik, Trivialliteratur, Jugendliteratur, Düsseldorf 1975.

K. *Fingerhut:* Affirmative und kritische Lehrsysteme im Literaturunterricht, Frankfurt 1974.

H. *Helmers:* Fortschritt des Literaturunterrichts, Stuttgart 1974.

H. *Ivo:* Handlungsfeld: Deutschunterricht, Frankfurt 1w75.

H. *Kügler:* Literatur und Kommunikation, Stuttgart 1971.

G. *Michels:* Leseprozesse. Zur Kommunikationstheoretischen Begründung der Literaturdidaktik, Düsseldorf 1973.

H. *Riemenschneider:* Ansätze zu einem kritischen Literaturunterricht in der Sekundarstufe, Düsseldorf 1972.

L. *Wawrzyn:* Methodenkritik des Literaturunterrichts. Darmstadt Neuwied 1975.

(Weitere Literatur s. in den Anmerkungen)